Christoph Matzl

Das Baumhoroskop der Kelten

Im Lebenskreis der Bäume

UEBERREUTER

Der Autor dankt dem »Team 97« vom »Kuratorium Wald«, Dr. Gerhard Heilingbrunner, DI Klaus Rosino, DI Ernst Partl und Ralph Kellner für die fachliche Beratung und Unterstützung.

Meinen »Pappel-Damen« Mama und Michaela gewidmet

ISBN 3-8000-7094-4

Covergestaltung: Maria Schuster
Coverfoto: Archiv des Verlags

Druck: Druckerei Theiss, A-9431 St. Stefan i. L.
5 7 6

Ueberreuter im Internet: www.ueberreuter.at

Inhalt

Der Lebensbaumkreis

»Wer Bäume pflanzt, wird den Himmel gewinnen.«
Konfuzius

Als Symbol des Lebens taucht der mythisch-religiöse Lebensbaum bei nahezu allen Völkern der Erde auf. Vom biblischen Baum der Erkenntnis über die heiligen Bäume des Buddhismus bis hin zu den Schöpfungsbäumen der sibirischen Jakuten. Um die Seelenverwandtschaft zwischen Mensch und Natur auch heute greifbar zu machen, hat das »Kuratorium Wald« gemeinsam mit der Stadt Wien auf der Himmelwiese den »Lebensbaumkreis«, einen Jahreskreis aus 40 Bäumen, errichtet.
Erstmals in Europa wurde somit ein lebender Baumkreis in freier Natur gepflanzt. Dabei standen zwei Überlegungen Pate: Einerseits der »keltische Baumkalender«, bei dem bestimmte Bäume entsprechend ihrer Bedeutung für den Alltag gewissen Abschnitten des Jahres zugewiesen wurden. Andererseits die Tradition des »Lebensbaumes«, ein heute auch noch in vielen Gegenden geübter Brauch, wonach Eltern ihrem Neugeborenen einen Lebensbaum pflanzen.
»Mit diesem Projekt wollen wir die Bäume als sichtbarste Elemente des Waldes in den Vordergrund rücken. Die Verbundenheit zwischen Menschen und Lebewesen soll greifbar gemacht werden und durch den persönlichen ›Geburtstagsbaum‹ intensiviert werden«, erklärt Dr. Gerhard Heilingbrunner, Präsident der Kuratoriums und geistiger Vater des »Lebensbaumkreises«, die Idee. »Durch den Besuch des ›grünen Stonehenge‹ kann der Besucher einen neuen, tieferen Zugang zur Natur und somit die ihm eigene Urkraft wieder finden.«

Schon die Kelten sahen das Schicksal des Menschen eng mit jenem der Bäume verbunden. Ihr Lebensrhythmus war mit dem der Natur eng verknüpft. Im Mittelpunkt standen dabei vor allem die in ihrem Siedlungsraum – vom Atlantik bis zum Schwarzen Meer – vorkommenden Baumarten.

Die Kelten lebten mit den Zyklen der Natur und stimmten ihr Tun darauf ab. So unterteilten sie das Kalenderjahr, das sie im Er- und Verblühen der Pflanzenwelt täglich sahen, in Abschnitte und widmeten sie verschiedenen Bäumen. Die Zuordnung erfolgte dabei nicht zufällig, sondern je nach deren jahreszeitlichen Bedeutung für die Gemeinschaft.

Der Baumzyklus war aber mehr als nur ein Kalender für die Kelten. Er war ein Ordnungssystem, das die aus der Natur gewonnenen Erkenntnisse in das tägliche Leben einfließen ließ. Jeder Baum im Lebensbaumkreis deckte damit einen wichtigen Bereich ihres sozialen und wirtschaftlichen Lebens ab.

Das künstlerische Konzept des Wiener Lebensbaumkreises wurde von Architekt Hans Hoffer entworfen. Der Außenkreis des »lebenden Baumdenkmals« weist einen Durchmesser von 130 Metern auf und entspricht gemeinsam mit dem konzentrischen Innenkreis exakt den Größenverhältnissen des geheimnisvollen englischen Steinmonumentes von Stonehenge im Maßstab 1:2:2,5. Insgesamt 36 Bäume (18 Arten) finden entlang des Außenringes Platz und repräsentieren jeweils eine bestimmte Periode des Jahres. Auf dem Innenkreis, der einen Durchmesser von 30 Metern hat, wachsen vier Hauptbaumarten: Buche, Eiche, Birke und Olivenbaum (wobei der Ölbaum vor Witterung geschützt wird).

Nach Überlieferungen ist jeder Baum, ähnlich den Tierkreiszeichen oder Horoskopen, einem bestimmten Geburtszeitraum zugeteilt. So kann jeder Besucher in diesem Kreis »seinen« persönlichen Lebensbaum finden.

Durch die künstlerische Gestaltung Hans Hoffers ist der »Lebensbaumkreis« zu einem Anziehungspunkt an einem der schönsten Plätze Wiens geworden. Hoch über der »Lebensmaschine« Großstadt mit ihren kompliziert verdeckten Strukturen wird das Baumdenkmal nach Vorstellung des Architekten zu einer »Antenne für die Stadt, einer Geste des Verstehens vor der und in der Natur«. Die Grundform des

Kreises ist wie ein überdimensionaler Abdruck in die Wiesenfläche eingeschrieben. Als Symbol von Geburt und Tod, Werden und Vergehen, einem antiken Baumtheater gleich. »Die Baumkronen werden einmal ein schattigen Raum bilden, die Stämme zu Säulen wachsen und die Wurzeln sich unter der Erde miteinander verflechten. Ähnlich den unter dem Asphalt liegenden Strukturen der Stadt.«
Bewegt man sich in den zwei Kreisen von Baum zu Baum, so beginnen sie bei Annäherung zu sprechen und ihre Geschichte zu erzählen. Entfernt man sich, so kehrt die Stille zurück. Kommt man in den Mittelpunkt der Anlage, so wird man umgeben von den Geräuschen der Großstadt Wien, die »live« aus dem Zentrum übertragen werden. »Auf diese Weise entsteht auch ein Spiel der Besucher untereinander, das die Botschaft des Baumdenkmals vermittelt: Was wir nicht sehen können, ist dennoch wichtig, was wir noch nicht wahrnehmen, wird uns einmal betreffen und muss bedacht werden«, meint Hoffer.
Zu bedenken sind in diesem Zusammenhang leider auch mögliche Umweltkatastrophen, da unsere Bäume heute bereits vielfältigen Bedrohungen ausgesetzt sind: Luftschadstoffe (Stichwort Klimawandel und Ozon!), Bodenversauerung und Insekten wie die Miniermotte gefährden den Wald. Das Projekt »Lebensbaumkreis« soll daher nicht nur die Bedeutung der Bäume für die Menschen näherbringen, sondern auch auf die Dringlichkeit des Waldschutzes und die Verantwortung jedes Einzelnen aufmerksam machen.
Deshalb hat das Kuratorium auch einen Naturlehrpfad sowie einen Informationspavillon auf der Himmelwiese eingerichtet. Interessierte haben so die Möglichkeit, einen spannenden Zugang zum Themenkreis Wald zu erhalten – vor allem Schulklassen können den Biologie-Unterricht auf die Himmelwiese verlegen, wo dann die unbeschwerte Freude bei der Begegnung mit der Natur im Vordergrund steht.
»Die tiefe Symbolik des Baumes verkörpert die Erlebbarkeit der Vielfalt zwischen Mensch und Natur«, sagt Ex-Finanzminister Rudolf Edlinger als einer der maßgebenden Förderer dieses Projektes. Für ihn bietet es die Möglichkeit, vielen Menschen die Bäume und damit die Natur näher zu bringen – auch den Menschen, denen sie bereits fremd geworden ist.

»Der Zustand unserer Wälder ist für Österreich ein wichtiges Zukunftsthema«, bekräftigt auch der ehemalige Minister Wilhelm Molterer die Intention des Kuratoriums. Da der Lebensbaumkreis den hohen Stellenwert von Natur im urbanen Bereich verdeutliche, hat das Bundesministerium für Land- und Forstwirtschaft das Projekt unterstützt.
Als »Hausherr« erinnert Wiens Bürgermeister Michael Häupl an das, was viele Österreicher und vor allem Städter vergessen: dass sie nämlich vom Wald abhängig sind. Er ist unsere »grüne Lunge«. Außerdem ist der Wald wesentlich für die Trinkwasserversorgung der Stadt: »Wir sind stolz auf unser erstklassiges Wasser, aber ohne die Wälder in den Bundesländern wäre dies nicht möglich.«
So freut sich auch Umweltstadträtin Ulli Sima, dass der Lebensbaumkreis für alle Österreicher erlebbar ist: »Das Wiener Forstamt setzt auf naturnahe Waldwirtschaft. Es werden nur zwei Drittel von dem, was jährlich nachwächst, geerntet. Dadurch werden die Bäume immer älter. Starke Stämme, ob lebend oder tot, stehend oder liegend, sind wiederum wertvollste Lebensräume für Pilze, Käfer, Spechte, Fledermäuse etc.«
Als ganz großer Kämpfer für unseren »Bruder Baum« steht Umweltminister Josef Pröll an vorderster Front, wenn es gilt, die Naturressourcen zu bewahren. Er betont immer wieder das Prinzip der Nachhaltigkeit: »Wir müssen Vorsorge treffen, dass auch den nächsten Generationen noch die Vielfalt und Vitalität unserer heimischen Wälder erhalten bleiben.«
Für die Errichtung des Lebensbaumkreises hat das »Kuratorium Wald« das Grundstück in der Größe von 100 000 Quadratmetern zum ortsüblichen Preis von 250 000 Euro erworben. Weitere Projektkosten von 300 000 Euro sind für den Ankauf und die Pflanzung der Bäume, die ökologische Revitalisierung der Himmelwiese und die Gestaltung des gesamten Areals samt Lehrpfad und dazugehöriger Infrastruktur angefallen.
Die Kosten hat das Kuratorium über Sponsoring-Aktionen aufgebracht. Firmen und Institutionen, denen »Bruder Baum« tatsächlich ein Anliegen ist, haben die Patenschaften für einen der 40 Lebensbäume übernommen.
Um die laufenden Kosten für die Betreuung des Lebensbaumkreises

und die Erhaltung der Infrastruktur zu sichern, bietet das Kuratorium zudem die Möglichkeit einer »persönlichen Patenschaft« an. Traditionsfeste, Konzerte und rührende Brauchtumsveranstaltungen beleben die Naturarena das ganze Jahr über. Eine Kamera ermöglicht via Internet sogar einen 360-Grad-Panoramablick und einen virutellen Spaziergang über die Himmelwiese (www.himmel.at).

»Wenn die ganze Schönheit des Baumkreises auch erst in Jahrzehnten zu bewundern sein wird, so hoffen wir doch, ein positives Signal für die Zukunft gesetzt zu haben«, unterstreicht Initiator Gerhard Heilingbrunner die Langfristigkeit des Projektes. Schließlich ist es ein Natur- und Kulturdenkmal für unsere Kinder: Für unsere Zukunft …

DER BAUMKALENDER

23. 12.–1. 1.	Apfelbaum (S. 13)	25. 6.–4. 7.
2. 1.–11. 1.	Tanne (S. 17)	5. 7.–14. 7.
12. 1.–24. 1.	Ulme (S. 21)	15. 7.–25. 7.
25. 1.–3. 2.	Zypresse (S. 25)	26. 7.– 4. 8.
4. 2.–8. 2.	Pappel (S. 29)	5. 8.–13.8.
9. 2.–18. 2.	Zeder (S. 33)	14. 8.–23. 8.
19. 2.–28. 2.	Kiefer (S. 37)	24. 8.–2. 9.
1. 3.–10. 3.	Weide (S. 41)	3. 9.–12. 9
11. 3.–20. 3.	Linde (S. 45)	13. 9.–22. 9.
Eiche (S. 49)		Olivenbaum (S. 91)
21. 3.		23. 9.
22. 3.–31. 3.	Haselnuss (S. 53)	24. 9.–3. 10.
1. 4.–10. 4.	Eberesche (S. 57)	4. 10.–13. 10.
11. 4.–20. 4.	Ahorn (S. 63)	14. 10.–23. 10.
21. 4.–30. 4.	Nussbaum (S. 67)	24. 10.–2. 11.
	Eibe (S. 95)	3. 11.–11. 11.
1. 5.–14. 5.	Pappel (S. 29)	
15. 5.–24. 5.	Kastanie (S. 71)	12. 11.–21. 11.
25. 5.–3. 6.	Esche (S. 75)	22. 11.–1. 12.
4. 6.–13. 6.	Hainbuche (S. 79)	2. 12.–11. 12.
14. 6.–23. 6.	Feigenbaum (S. 83)	12. 12.–21. 12.
Birke (S. 87)		Buche (S. 99)
24. 6.		22. 12.

DER APFELBAUM

Der Baum der Erkenntnis

Apfelbaum-Tage
23. 12.–1. 1.,
25. 6.–4. 7.

Charaktereigenschaften

einfühlsam, gütig und großzügig, Vermittler zwischen Gut und Böse,
lebt gerne in den Tag hinein

DER APFELBAUM

»Und Gott ließ aus dem Erdboden allerlei Bäume hervorwachsen, lieblich anzusehen und gut zu essen, den Baum des Lebens mitten im Garten und den Baum der Erkenntnis des Guten und Bösen«, schildert das alttestamentarische Buch Genesis die Lage des Apfelbaumes im Paradies. Kein anderer Baum ist so sehr mit dem Leben und Tod verbunden wie der »Baum der Erkenntnis«. Er war im Alten Testament der Ort des Sündenfalls und der Ausgangspunkt für die Vertreibung aus dem Paradies. Diese Verbannung aus dem Garten Eden spiegelt unser heutiges Umwelt-Dilemma wider: Ebenso wie Adam und Eva hat der Mensch des 21. Jahrhunderts sein natürliches Verhältnis zur Schöpfung verloren. Zwar rächt sich die Natur mit Katastrophen, doch viele der Öko-Verbrechen (Atom-, Gen- oder Klon-Techniken) hinterlassen derart verheerende Schäden, dass ihre Behebung unzählige Generationen dauert.

DIE FRÜCHTE

Als Kulturobst wird der Apfel seit 3000 Jahren geerntet, wobei der ursprüngliche Wild- oder Holzapfelbaum heute nur noch vereinzelt in Laubmisch- und Auwäldern vorkommt. Wegen seiner kugeligen Form versinnbildlicht der Apfel den Planeten Erde und steht für die Vollkommenheit des Weltalls. In der Geschichte erlangte er als Reichsapfel, also als Inbegriff der Macht, Bedeutung.

Gleichzeitig spiegelt die Frucht die Form der weiblichen Brüste wider. Und ihre Einkerbung erinnert an den menschlichen Nabel: So gilt der Apfel seit Jahrtausenden als Symbol der Fruchtbarkeit und Weiblichkeit.

DIE MYTHEN

In der griechischen Mythologie war er der Göttin Aphrodite geweiht und bei den Römern wurde Venus mit dem Zeichen der Lebenskraft abgebildet. Im Laufe der Zeit entwickelte sich die Frucht aber immer mehr zum »Bösen«. Als Beispiel der Polarität zwischen Gut und Böse wurde der Apfel selbst zum Zeichen der Unheil bringenden Kraft, die zum Schlechten neigt.

Auch wenn sich Bibelwissenschafter heute streiten, ob der Baum der Erkenntnis mit dem Baum des Lebens ident ist, so hat sich in der künstlerischen Darstellung der Apfelbaum durchgesetzt. Die von Gottvater ausdrücklich verbotene Frucht wurde zum Sinnbild des todbringenden Aufbegehrens gegen den Schöpfer. Die Schlange, die vom Apfelbaum herab zur Rebellion gegen Gott lockte, hat auf zahlreichen Sarkophag-Bildnissen Eingang gefunden. Auch Alltagsgegenstände wie Teppiche oder Münzen wurden mit der Szene des Sündenfalles verziert. Selbst im Märchen wird der Apfel mit dem Bösen in Zusammenhang gebracht: So verführt die böse Königin das unschuldige Schneewittchen mit diesem vergifteten Obst.
Für die Kelten war der Apfel der Inbegriff für die Fruchtbarkeit vor der Schöpfung. Übrigens fand der Apfelbaum neben dem Feigenbaum auch als einziger Obstbaum Einzug in den keltischen Baumkalender: Zwischen ihnen liegt die Sonnenwende von Winter und Sommer.

»Apfelbäume« flirten gern

Wenngleich der »Apfelbaum« nicht gerade athletisch gebaut ist, zeichnet ihn seine Anmut und sein angeborener Charme aus. Apfel-Menschen verfügen über große Ausstrahlung und Anziehungskraft. Sie sind zwar zu Flirts bereit, bleiben aber trotz dieses Hanges zu Liebeleien im Grunde ihres Herzens zärtliche und verständnisvolle Partner. Allerdings wird ihre Aufopferungsbereitschaft und Großzügigkeit häufig ausgenützt. Auch wenn sie liebend gerne in den Tag hineinleben, sind »Äpfel« stets motiviert, wenn es darum geht, bei Streitigkeiten zwischen Gut und Böse zu vermitteln.
Obwohl in der Wesensart eines Apfel-Menschen die Fähigkeit liegt, auch in der Wissenschaft erfolgreich tätig zu sein, erreicht er nur selten dieses Ziel. Dennoch erlangen Apfel-Geborene im Laufe der Zeit die ihnen gebührende Würde. Als Hauptursache für ihre Inkonsequenz gilt ihre Veranlagung, in den Tag hineinzuleben und den lieben Gott einen guten Mann sein zu lassen.
Das Leben des »Apfelbaumes« jedenfalls ist selten langweilig, sondern

meist aufregend und interessant. Viele arbeiten deshalb in Berufssparten, die Abwechslung versprechen. Man könnte Apfel-Geborene darum als Sanguiniker bezeichnen, die zwischen Gut und Böse hin- und hergerissen werden.

Ebenso wie sich im Lauf der naturgeschichtlichen Entwicklung mehr als 1500 Apfelsorten gebildet haben, bringen Apfelbaum-Geborene immer wieder neue Fähigkeiten ans Tageslicht, um Probleme zu lösen.

BERÜHMTE »APFELBÄUME«

Als typische Vertreter des auffallend charmanten Apfel-Mannes gelten der große Peter Alexander, Frankreichs Filmidol Michel Piccoli und die Hollywood-Stars Tom Cruise sowie Denzel Washington. Ebenso wie Klaviervirtuose Richard Clayderman, Evergreen Rex Gildo, die Kino-Haudegen Gérard Depardieu und Dan Akroyd, der Sänger George Michel, TV-Kommissar Gedeon Burkhard oder Operettenkönig Harald Serafin.

Die weibliche Leidenschaft des Apfelbaums verkörpern die »Bay Watch«-Schöne Pamela Anderson, Frankreichs Kinoliebling Isabelle Adjani, Englands Lady Diana, Hanna Schygulla, Kammerschauspielerin Isabel Weicken und Filmlegende Hildegard Knef.

DIE TANNE

Der Baum des Lichtes

Tannen-Tage
2. 1.–11. 1.,
5. 7.–14. 7.

Charaktereigenschaften

herb, kühl, außergewöhnlicher Geschmack, kultiviertes Auftreten, neigt zum Egoismus, ehrgeizig und begabt

DIE TANNE

»O Tannenbaum, wie treu sind deine Blätter« – nahezu jedes Kind kennt das Weihnachtslied aus Westfalen, das von der Schönheit und Beständigkeit des Christbaumes erzählt. Pro Jahr geben allein die Österreicher etwa 30 Millionen Euro für ihre 1,5 Millionen Festbäume aus. Wobei die weihnachtliche Abholzung keinen ökologischen Schaden anrichtet, da die Mehrzahl der Bäume in landwirtschaftlich schwer nutzbarem Gebiet gepflanzt wird.

DIE MYTHEN

Das Mysterium und die Anziehungskraft des Weihnachtsbaumes gehen auf die Verschmelzung vorchristlicher mit christlichen Einflüssen zurück. Traditionelle Baumverehrung sowie die Wintersonnenwende während der zwölf Rauhnächte vom 25. Dezember bis 6. Januar gelten als die ursprünglichen Wurzeln des Brauchtums. Durch das Schmücken und Entzünden von Lichtern sollten alle bösen Geister von Häusern und Ställen ferngehalten werden. Schon damals waren immergrüne Baumarten wie Buchsbaum, Stechpalme, Eibe und Tanne beliebt. Das vom Kerzenschein erleuchtete Wintergrün des Reisigs versinnbildlichte Leben sowie Hoffnung auf Glück und Segen. Obwohl das Christentum diesen heidnischen Brauch am Anfang unterbinden wollte, sah es schließlich doch ein, dass die christliche Frohbotschaft mit der Symbolik des Tannenbaumes verbunden werden kann: Die Kerzen, die in heidnischer Zeit Geister vertreiben und das Ende der Winternächte künden sollten, brachten nun die Frohbotschaft, dass Jesus als Licht der Welt geboren wurde.

Im 17. Jahrhundert wurde dann der biblische Apfel, der den Menschen den Tod gebracht hatte, als Baumschmuck verwendet und wandelte den Tannenbaum mit Oblaten (als Hostienersatz) zum Lebensbaum um. Eine Quelle aus dem Jahr 1605 bezeugt die Beliebtheit des Weihnachtsschmuckes: »Auff Weihnachten richtet man Dannenbäum zu Strasburg in den Stuben auff, daran hencket man Roßen aus vielfarbigem Papier geschnitte, Äpfel, Obladen, Zischgold und Zucker.«

DER BAUM

Der Name Tanne leitet sich vom althochdeutschen »Tan« ab und bedeutet Wald. Bis Ende des 19. Jahrhunderts gab es noch in weiten Teilen Europas Tannenregionen. Inzwischen ist der Bestand durch die Waldbewirtschaftung, Verbissschäden und Luftverschmutzung allein in Österreich auf 2,7 Prozent der gesamten Waldfläche geschrumpft. Zwar haben eine Vielzahl unserer Märchen und Sagen in den dunklen geschlossenen »Tannenwäldern« ihren Handlungsort, doch die magischen Plätze sind mittlerweile äußerst rar.

DIE MEDIZIN

Das rötlich- bis gelblichweiße Holz der Tanne ist spröde und nicht leicht zu bearbeiten. Dafür ist es trag- und bruchfest und wurde bei den Griechen für Schiffsmasten genutzt. Da es relativ beständig gegen Säuren und Alkalien ist, wird Tannenholz auch zur Aufbewahrung von Chemikalien verwendet. Bekannt ist auch die Verwitterungswiderständigkeit von Tannen-Dachschindeln.
Schon seit Jahrtausenden regt der belebende Duft der Tannen den Menschen an, das Holz, die Nadeln und das Harz für Heilzwecke zu verwenden: Als »Elsässer Terpentin« wurde Tannenharz in der Volksheilkunde als antiseptische Medizin verschrieben. Da es die Durchblutung fördert, wurde das Harz auch Rheuma- und Arthrosesalben beigemischt. Junge Tannentriebe wiederum geben ätherische Öle frei, die schleimlösend und lungenstärkend wirken. Selbst Pfarrer Kneipp empfahl seinen Patienten Extrakte aus Tannenzapfen und -zweigen gegen Lungenleiden, Bronchitis oder Erkältungen.
Im Mittelalter erfreute sich der Sud von Tannenzweigen nicht nur wegen seiner heilenden Wirkung besonderer Beliebtheit: Der vergorene Tannensud war ein berauschendes Bier. Vor allem Unterprivilegierte tranken das billige »Gebräu«. Schließlich war der Wein teuer und den Oberschichten vorbehalten.

»Tannen« täuscht man nicht …

Da sich unter ihren dichten Zweigen eine Atmosphäre beschaulicher Ruhe entwickelt, geht von den Tannen ein stille Aufforderung zur Besinnung aus. Ebenso wie ihr in der Jugend zartgliedriger Lebensraum, brauchen Tannen-Menschen laut keltischem Baumhoroskop besonders viel Schutz und Geborgenheit während ihres Reifens. Wie Tannensetzlinge keine allzu starke Sonnenbestrahlung vertragen, so benötigen sie die hingebungsvolle Zuneigung. Nur dadurch erlangen sie das Gefühl, etwas Besonderes zu sein. Sie suchen ein Leben lang eine Art mütterliche Fürsorge, sind selbst allerdings alles andere als aufopferungsbereit. Ihr Freiheitsdrang schlägt allzu oft in Egoismus um. Nicht zuletzt wegen dieser Ader gelten sie als selbstherrlich.
Man kann sie zwar nicht als Partylöwen bezeichnen, doch auf gesellschaftlichen Veranstaltungen beherrschen sie alle Konventionen. Durch ihr gepflegtes Auftreten wirken sie sogar eher kultiviert als unnahbar: Denn »Tannen« hassen oberflächliches Palaver und lassen sich von Blendern und Schmeichlern kaum täuschen.
So bedarf es auch einer gehörigen Portion Ausdauer, um ihr Vertrauen zu erringen. Gelingt einem dies, hat man allerdings einen Freund fürs Leben gewonnen. Ansonsten gelten sie als ehrgeizige, begabte und überaus fleißige Personen, die ebenso viel von ihren Mitmenschen erwarten, wie sie selbst bereit sind zu geben.

BERÜHMTE »TANNEN«
Gleich fünf der derzeit bekanntesten Hollywoodstars verkörpern charakteristische »Tannen«: »Rambo« Sylvester Stallone, Harrison Ford, die Oscar-Preisträger Tom Hanks und Mel Gibson sowie Nicolas Cage. »Kommissar Rex«-Star Tobias Moretti und Uwe Ochsenknecht sind ebenso im Zeichen der Tanne geboren wie der unvergessliche König des Rock'n'Roll Elvis Presley oder Tennis-Ass Stefan Edberg.
Typische Tannen-Damen: die Schauspielerinnen Diane Keaton, Christine Kaufmann und Shirley Bassey. Die »Dallas«-Schöne Victoria Principal und die Sängerin Mary Roos sind ebenfalls Tannen-Frauen.

DIE ULME

Der Baum der Zuversicht

Ulmen-Tage
12. 1.–24. 1.,
15. 7.–25. 7.

Charaktereigenschaften

gepflegt und geschmackvoll, ruhig und beherrscht, von Natur aus heiter, erringt leicht Vertrauen

DIE ULME
Vor rund 12 000 Jahren überstanden die Ulmen die letzte Eiszeit in wärmeren Gefilden und bildeten gemeinsam mit den Eichen riesige Laubwälder. Mehr und mehr wurden sie von Schattenbaumarten wie der Tanne oder der Buche zurückgedrängt. In sehr hohen Regionen belegen vereinzelt wachsende Bergulmen ihr einst weitläufiges Verbreitungsgebiet.

DIE MYTHEN
In der griechischen Mythologie war die Ulme wegen ihres energievollen Wesens dem Götterboten Hermes geweiht. Bei den Römern wurde Merkur als Gott des Handels mit ihr in Verbindung gebracht.

DER BAUM
Im Mittelalter schätzte man das zähe Holz der Ulme. Es war begehrtes Konstruktionsmaterial für Kirchenglockenstühle, Wagenräder oder Geschützlafetten und den Schiffsbau. Aber auch für Kleinplastiken und Pfeifenköpfe eignete sich das überaus edel gemaserte Holz bestens. Im 19. Jahrhundert wurde in den nordischen Ländern – insbesondere in Schweden und Norwegen – aus der nährstoffreichen Rinde Brotmehl gewonnen. Heute ist die »Ilme«, wie sie auch genannt wird, ein überaus beliebter Baum, weil man unter ihrer ebenmäßigen Blätterkrone Mut und Lebenskraft tanken kann. Schließlich verleihen die bis zu 40 Meter hohen und 500 Jahre alten Baumriesen ihrer Umgebung einen würdevollen Eindruck.

DIE BEDROHUNG
Doch ein giftiger Winzling macht den Ulmen seit Jahrzehnten schwer zu schaffen – der Schlauchpilz. Bereits ein Großteil des mitteleuropäischen Bestandes (Schätzungen gehen bis zu 90 Prozent) ist von dem durch kleine Käfer übertragenen »Killerpilz« befallen. Der Schädling verstopft die Wasserleitbahnen der Bäume. Zudem sind Ulmen sehr anspruchsvoll und benötigen zum guten Gedeihen tiefgründige, frische bis feuchte Böden. Ein erstes Symptom der chronisch schleichenden Baumkrankheit ist ein rasches Welken des Blätterkleides. Vor allem

die in Tieflagen vorkommenden Feld- und Flatterulmen sind bedroht. Zusätzlich wirkt sich die rücksichtslose Verbauung durch die Betonlobby verheerend aus. Denn fließt das Regenwasser über Straßennetze und Kanäle zu rasch ab, leidet der »Rustbaum« besonders unter Wassermangel: Der Grundwasserspiegel sinkt rapide und die Blätter werden bereits im Juni welk. Die Chancen, dass der stumme Gigant den Sommer überlebt, schwinden rasch. Auch im oberösterreichischen Lambach, wo ein ökologisch und ökonomisch völlig überflüssiges Traunkraftwerk von der Betonlobby durchgepeitscht wurde, sind Bergulmen rücksichtslos abgeholzt worden.

ULMEN-ORTE

Wie weit verbreitet die Ulmen früher waren, bezeugen häufig vorkommende »Ulmen-Ortsnamen« in ganz Europa: Umlief, Ulmenhof, Ulmenberg, Jffldorf, Jffigheim und Jffens, aber auch Elm und Elmau leiten sich von Ulmen-Worten ab. Der bei den römischen Dichtern Vergil und Plinius aufscheinende Name »ulmus« tritt noch in anderen indogermanischen Sprachen auf: im dänischen »alm«, im englischen »elm«, in der polnischen Bezeichnung »ilm« sowie im russischen »ilma«.
Kurioserweise wurde die Ulme häufig mit der Linde verwechselt. Und so nahmen Ulmen auch den Ehrenplatz von Ortschaften ein, die das Wort Linde in ihrem Namen tragen. Es konnte vorkommen, dass versehentlich unter einer »Dorfulme« anstatt unter einer »Dorflinde« Recht gesprochen wurde.

»Ulmen« strahlen Zuversicht aus

Ebenso wie die wohlgestalteten Ulmen einer Landschaft einen erhabenen Eindruck verleihen, vermitteln in den Tagen der Ulme Geborene das Gefühl der Sicherheit. Ihr reger Verstand und ihre wache Intelligenz prädestiniert sie für Führungsaufgaben, die sie als zuversichtliche Idealisten auch gerne übernehmen. Man könnte sagen: Sie sind starke Persönlichkeiten, die sich kaum unterordnen können.
Selbst wenn sie leitende Positionen einnehmen, geben sie keinesfalls ihren Idealismus auf. Da sie ihren Mitmenschen von Natur aus gut ge-

sinnt sind, erlangen sie leicht deren Vertrauen und Anerkennung. Trotz ihrer Heiterkeit liegt es ihnen fern, mit dem Strom zu schwimmen.
Als Familienmenschen zeichnen sie sich durch ein hohes Maß an Pflichtbewusstsein aus. Sie haben immer ein offenes Ohr für ihre Angehörigen und setzen sich für diese mit allen Mitteln ein. Wenngleich »Ulmen« rechthaberisch und nachtragend sein können, verzeiht man ihnen diese Schwäche, da sie ungemein viel Witz und Charme besitzen, den sie auch einzusetzen wissen. Gleich ihrem Lebensbaum kränkeln sie rasch, erholen sich aber relativ rasch wieder.
Für die Kelten waren die »Ulmentage« die Tage der guten Gesinnung. »In der Kälte des Winters bleibt dem Menschen fast nichts anderes übrig, als seinesgleichen gut gesinnt zu sein, und im Juli wird er durch die Wärme und Fülle der Natur dazu veranlasst«, glaubt Kelten-Forscher Vescoli die Ursache für die positiven Charaktereigenschaften zu kennen. Denn für zur Ulmenzeit Geborene sind Toleranz und Gerechtigkeit ein Ideal.

BERÜHMTE »ULMEN«

Dank ihrer charismatischen Ausstrahlung gelten Prinzessin Caroline von Monaco, Desiree Nosbusch, Faye Dunaway und Paula Wessely als typische Ulmenfrauen. Auch die Literatin Patricia Highsmith behandelte in ihren Werken die Zwiespältigkeit des Menschen. Weitere Ulmen-Ladys: Dolly Parton, Caterina Valente, Nastassja Kinski, Linda Blair, Jeanne Moreau und Brigitte Nielsen.
Historische Ulmen-Männer sind die Dichter Gotthold Ephraim Lessing, Gottfried Keller und Molière sowie Alexandre Dumas und Albert Schweitzer.
Deutschlands Leinwand-Held Ralf Möller, »Der mit dem Wolf tanzt« Kevin Costner, »Schimanski« Götz George, die lebende Boxlegende Muhammad Ali und Fernsehliebling Michael Schanze verkörpern charakteristische Ulmen-Männer. Startenor Placido Domingo, Donald Sutherland und US-Serienheld David Hasselhoff haben ebenfalls die Ulme zum Lebensbaum.

DIE ZYPRESSE

Der Baum der Unsterblichkeit

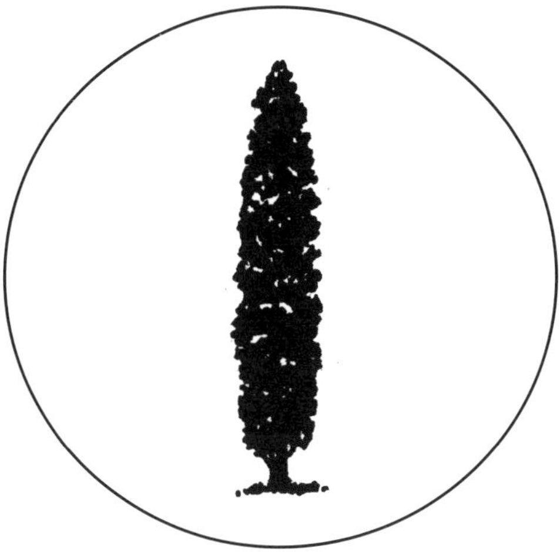

Zypressen-Tage
25. 1.–3. 2.,
26. 7.–4. 8.

Charaktereigenschaften

stark, solide, nimmt das Leben, wie es kommt, scheut die Einsamkeit, Fähigkeit, zu reflektieren, ausgewogen

DIE MYTHEN

Im Altertum galt die Zypresse als Baum der Unsterblichkeit. Ihre immergrünen Nadeln symbolisierten die Unvergänglichkeit der Seele. Bei den Römern war sie dem Totengott Pluto geweiht und wurde vor Mausoleen gesetzt. Noch heute zieren die grünen Säulen eine Vielzahl von Friedhöfen im Mittelmeerraum und verbinden sowohl auf christlichen wie auch auf islamischen Grabstätten Himmel und Erde. In den Bildern Leonardo da Vincis fand die Zypresse als »verbindendes Element zwischen Firmament und Erde« Einzug. Für seine Landschaftsmalereien nutzte der Meister die streng geometrische Form der bis zu 35 Meter hohen Baumtürme der Toskana zur perspektivischen Gestaltung.

DER BAUM

Schon Millionen Jahre vor den Laubbäumen bedeckten Zypressenwälder die Erde. Insgesamt gibt es 18 unterschiedliche Gattungen dieses Nadelholzgewächses. Als typischer Lichtbaum gedeiht die Zypresse unter nahezu ähnlichen Bedingungen wie der Ölbaum. In unseren Breiten richtet sie sich ebenso wie die heimischen Baumarten durch bestimmte chemische Vorgänge in den Zellen auf den Winter ein. Wird sie von Minustemperaturen überrascht, so reagiert die Zypresse äußerst empfindlich: Die Stämme reißen auf und ermöglichen Käfern und anderen Parasiten das Eindringen. In der Folge kann sich der Baum gegen die aufdringlichen »Besucher« nicht mehr wehren und stirbt langsam ab. Da in England und Schottland die Wintermonate nicht so frostig wie im alpinen Raum sind, ist die Zypresse auch in diesen Regionen anzutreffen.

Dank ihrer Genügsamkeit und Dürrhärte gedeihen Zypressen auch auf kargen Böden. Eine Art ist sogar in der Sahara beheimatet. Durch ihre Widerstandsfähigkeit eignen sie sich ideal als Pionierbaum zur Aufforstung erodierter Gebiete. Weil die echte Zypresse unter ihrer Krone kaum Unterwuchs aufkommen lässt, vermindert sie die Gefahr von Waldbränden erheblich. Hand in Hand geht dabei allerdings der Nachteil, dass der Boden kaum aufgewertet wird. Das heißt: Unter Zypressen bildet sich nur langsam pflanzliche Vegetation aus und organische Substanzen werden nur zögernd angereichert.

DAS HOLZ

Wegen seiner Widerstandsfähigkeit im Boden und unter Wasser ist das Zypressenholz schon seit Jahrhunderten als Baumaterial für Schiffe bekannt. Da das gelblichbraune Holz gegen Pilze und Insekten resistent ist, bringt es beste Voraussetzungen für die Möbelerzeugung mit.

Es wurde von Kreta nach Ägypten exportiert, sodass durch die Abholzung Engpässe entstanden. Schließlich wurde die Zypresse nach Italien gebracht und verbreitete sich von dort nach Frankreich und Spanien. Natürliche Bestände der echten Zypresse sind heute nur noch auf Zypern und auf Kreta in rund 1600 Metern Seehöhe zu finden. In den USA, und da vor allem in Kalifornien und Arizona, gedeihen heute die Hälfte aller Zypressenarten in Hainen.

DIE MEDIZIN

In der Medizin ist das Nadel-Elixier der Zypresse wegen seiner heilenden Wirkung gegen Darmleiden, Unterleibsbeschwerden oder Hämorriden bekannt.

Im 19. Jahrhundert reisten Lungenkranke nach Kreta und Zypern, um sich in Zypressenwäldern zu kurieren. Gicht- und Rheumakranke schätzen auch heute noch das wohltuende Massageöl. Hornhaut und Warzen lassen sich mit einem Alkoholauszug der Zypresse behandeln.

»Zypressen« sind hart im Nehmen

Im keltischen Lebensbaumkreis steht der lichthungrige Baum in seiner ersten Periode nicht umsonst zwischen dem 25. Jänner und 3. Februar. Die Sonne wird stärker, die Tage werden länger. Im Übergang zum Februar steigt die »Energiekurve« signifikant nach oben. So wie die Zypresse stets nach oben strebt, aber gleichzeitig sicher mit dem Boden verwurzelt ist, vermitteln Zypressen-Menschen das Gefühl der harmonischen Verbindung von Erde und Kosmos. Irdische und himmlische Kräfte vereinen sich in ihnen. Sie brauchen nicht viel, um glücklich zu sein. Ihr Optimismus und die Fröhlichkeit, die sie versprühen, macht sie zu soliden Persönlichkeiten. Genauso wie ihr Lebensbaum

suchen sie die Sonne und das Licht der Erkenntnis. Diese Stärke und die Suche nach Klarheit hilft ihnen, schwere Schicksalsschläge gefasst zu ertragen und andere im Leid zu trösten. Dank ihres Intellektes und ihrer Fähigkeit, zu reflektieren, schaffen es »Zypressen«, ihr Leben ausgewogen einzurichten. Sie nehmen das Leben, wie es kommt, streben aber nach Eintracht und Anerkennung. Ihre positive Lebenseinstellung erhält die »Zypressen« lange jung. Zu ihren Schattenseiten gehört ihr sprunghaftes und widerspenstiges Wesen. Das aufbrausende Gehabe, ihr Jähzorn, kann sofort in pedantische Kleinkrämerei umschlagen.
Was im Zeichen der Zypresse Geborene besonders auszeichnet, ist ihr großes Talent, Beruf und Privatleben harmonisch einzurichten. Sie lieben ihre Arbeit, wissen aber auch, wann es an der Zeit ist, zurückzuschalten, um sich zu entspannen. Und in der Liebe leben sich »Zypressen« aus: Sie sind stürmisch, unersättlich und nicht leicht zufrieden zu stellen.

BERÜHMTE »ZYPRESSEN«

Österreichs Hollywood-Export, US-Gouverneur »Terminator« Arnold Schwarzenegger, zählt ebenso zu den typischen Zypressen-Männern wie die Film-Größen Paul Newman, »Magnum« Tom Selleck, Kevin Spacey, Mathieu Carrière und der legendäre Gene Hackman. Zu den historischen Zypressen-Persönlichkeiten gehören die Komponisten Wolfgang Amadeus Mozart und Maurice Ravel sowie die Dramatiker George Bernhard Shaw, James Joyce und George Orwell. Als musikalische Zypresse gilt Phil Collins.
TV-Star Julia Stemberger, Hollywoods Farrah Fawcett, Marlène Charell, Lisa Marie Presley, Barbara Rudnik, Ruth Maria Kubitschek, Sandra Bullock und Whitney Houston sind charakterstarke Zypressen-Frauen. Auch Jackie Onassis hatte die Zypresse zum Lebensbaum.

DIE PAPPEL

Der Baum des Volkes

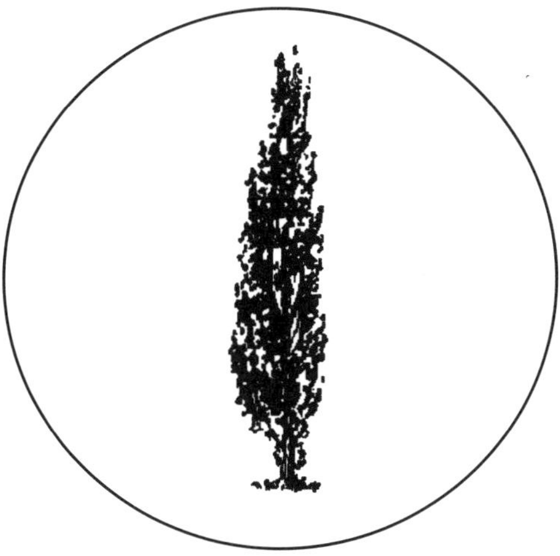

Pappel-Tage
4. 2.–8. 2.,
1. 5.–14. 5.,
5. 8.–13. 8.

Charaktereigenschaften

lernt schnell, großzügig, beweglicher Geist, aber kein Luftikus;
hegt und pflegt seine Beziehungen

DIE PAPPEL

Als einzigen Baum des Lebenskreises haben die Kelten der Pappel drei Abschnitte des Jahres zugeschrieben. Zu jeder Periode zeigt sie sich in einem andern Farbenspiel. Im Februar machen sie ihre bräunlichen Knospen zu einer aparten Schönheit, im Mai heben sich ihre Blätter durch ihre rötliche Färbung ab und im August strahlt jede Pappelart in der ihr eigenen Farbe: die Silberpappel schillernd weiß, die Schwarzpappel samtig schwarz und die Zitterpappel leuchtend hellgrün.

DIE MYTHEN

Der griechischen Mythologie zufolge soll Hades als Erinnerung an seine schöne tote Geliebte eine Silberpappel als »Baum der Unterwelt« wachsen haben lassen. Obwohl sie bei Grabstätten gepflanzt wurde, war die Pappel nicht nur mit dem Jenseits verbunden. Denn selbst die Freunde des lebensfrohen und trinkfreudigen Dionysos sollen sich den Siegern von Olympia gleich mit Pappelblätter bekränzt haben.

Weil die Silberpappel in unseren Breiten erst im späten Mittelalter Verbreitung fand, gibt es kaum germanische Sagen, die mit ihr in Verbindung stehen. Wohl aber waren im Volksglauben »Pappel-Legenden« verbreitet: Aus Mangel an brauchbaren Empfängnisverhütungsmittel galt ein Elixier aus Pappelblättern als unfruchtbar machend. Mädchen, deren Keuschheit zweifelhaft war, steckte man in der Walpurgisnacht (die Nacht zum 1. Mai) Pappelzweige als Zeichen der Unzucht ins Fenster.

Der christliche Volksglaube erklärte, dass das Blätterrauschen der Pappeln eine Strafe dafür sei, da sich der Baum am Karfreitag nicht in tiefer Trauer vor dem Tod Christi geneigt habe. Deshalb müsse die »Zitterpappel« nun beim leisesten Hauch zittern.

DIE MEDIZIN

Die Mystikerin und Äbtissin Hildegard von Bingen, der Gott die Gabe der »inneren Schau« schenkte, hat in ihren Naturheilkundebüchern aus dem 12. Jahrhundert die Wirkung von Pappelknospensalben beschrieben. Bei Entzündungen, Gliederschmerzen und Verbrennungen sei ein Extrakt durch die Beigabe von Espenrindensaft heilsam. Vor allem bei

Unterleibserkrankungen empfahl die Heilige aus der Zitterpappel gewonnene Heilmittel. Die Seherin, der in einer Vision der Auftrag erteilt wurde, ihr Fachwissen niederzuschreiben, schränkte die Bedeutung ihrer Arzneien aber stets ein: »Lasst den Arzt, was des Arztes ist!«

DER NAME

Ihren Namen hat die Pappel vom lateinischen Wort für Volk (»populus«). Die Römer sollen ihr diesen Namen gegeben haben, weil sich die ovalen, stumpf gezähnten Blätter – vor allem der Zitterpappel – gleichsam wie das Volk ständig in Bewegung befinden und das hörbare »Zittern« des Laubes erzeugen.

DER BAUM

Die meisten der etwa 30 Pappelarten wachsen ebenso wie die populäre Pyramidenpappel bis an die 30 Meter in den Himmel. Sie können einen Stammdurchmesser von zwei Metern und ein Alter von 300 bis 400 Jahren erreichen. In der Keltenzeit allerdings war diese durch Mutationen veränderte »Großpappel« noch nicht bekannt. Doch die Kelten schätzen auch die um einiges kleinere Art wegen ihres weichen, leicht zu bearbeitenden Holzes. So ließen sich aus den Stämmen und Ästen mühelos Schuhe fertigen. Und mit gegerbtem Leder überspannte Schilde waren wesentliche Bestandteile der keltischen Kriegsausrüstung.
Die enorme Schnellwüchsigkeit der Pappeln veranlasste später Napoleon Bonaparte, diesen Nutzholzbaum entlang seiner Armeerouten und Heeresstraßen setzen zu lassen. Heute wird das Pappelholz nach wie vor für die Erzeugung von Holzschuhen und Prothesen sowie zur Herstellung von Zellulose, Spanplatten und Streichhölzern verwendet.

»Pappeln« sind Freunde fürs Leben

Ebenso wie die elegante Mächtigkeit der Pappel so manchen niederwüchsigen Baum überragt, gelten im Zeichen der Pappel Geborene als Menschen, deren attraktives Auftreten und innere Größe andere überstrahlt. Den Bäumen gleich scheint auch an ihnen die Zeit ohne

Spuren vorüberzugehen. Zur richtigen Entfaltung und zum Aufblühen brauchen sie jedoch gut gesinnte Freunde, da es ihnen ansonsten an der notwendigen Motivation mangelt. Sie pflegen ihre Kontakte, sind pakt- und bündnistreue Geschäftspartner und stehen zur ihren Freunden auch in schlechten Zeiten. »Pappeln« sind Menschen, bei denen man sich aussprechen kann, ohne befürchten zu müssen, dass sie einem die eingestandenen Schwächen und Fehler einmal vorhalten werden. Ihr reger Geist, ihre schnelle Lernfähigkeit und ihre Offenheit für innovative Ideen qualifiziert sie für Organisations- und Managementaufgaben, die rasche Entscheidungen erfordern.
Verliebt sich eine »Pappel« und glaubt den Partner fürs Leben gefunden zu haben, so ist sie auch bereit, ihren Freiheitsdrang aufzugeben und die Werte, die aus einer funktionierenden Beziehung erwachsen, über die Unabhängigkeit zu stellen.

BERÜHMTE »PAPPELN«
»Winnetou« Pierre Brice ist ein typischer Pappel-Mann, der in der Februarperiode geboren ist. Deutschlands Dieter Bohlen, die Weltstars Nick Nolte, Antonio Banderas, Dustin Hoffman und George Clooney, Österreichs Jahrhundert-Fußballer Herbert Prohaska und TV-Liebling Peter Weck zählen ebenfalls zu den charakteristischen Pappel-Männern.
Senta Berger, Cate Blanchett, die Serien-Stars Anja Kruse und Iris Berben, Melanie Griffith und Thekla Carola Wied verkörpern die Pappel-Frau.

DIE ZEDER

Der Baum der Könige

Zeder-Tage
9. 2.–18. 2.,
14. 8.–23. 8.

Charaktereigenschaften

wachsam, übernimmt Führungsaufgaben, umgeben von einer Aura der Erhabenheit

DIE MYTHEN

Die Zeder ist der Baum der Könige. Schon in alttestamentarischer Zeit und in der Antike verkörperte sie das Majestätische und Erhabene. Nicht nur, dass sie der in der Bibel am häufigsten erwähnte Baum ist – so soll auch das Kreuz Christi aus Zedernholz gewesen sein –, hat bereits König Salomon Zedern für den Tempel von Jerusalem schlägern lassen. Abertausende Menschen arbeiteten an diesem mächtigen Gotteshaus und brachten die bis zu 40 Meter langen Stämme von den Bergen des Libanon in die Heilige Stadt. Auf dem Landweg und auf Flüssen.

DAS HOLZ

Bereits die Phönizier und Ägypter nutzen Zedern als Bauholz für sakrale Anlagen, Häuser und vor allem für den Schiffsbau. Im 3. Jahrtausend vor Christus entwickelte sich ein intensiver Handel mit dem Holz der Baumriesen, die Stammumfänge von bis zu 15 Metern erreichen können.

Der rücksichtslose Kahlschlag im Laufe der Geschichte hat dazu geführt, dass bereits zur Zeit Alexanders des Großen ein Großteil der einst weitläufigen Zedernwälder des Libanon abgeholzt waren.

Nicht zuletzt deshalb, weil der Zedernteer ein äußerst geschätzter »Imprägnierlack« für Schiffsrümpfe, Balken oder Fußböden war. Wegen seines bekömmlichen, honigartigen Duftes wurde die mittels Feuer in Erdöfen gewonnene ölige Flüssigkeit auch zur Konservierung von geräucherten Lebensmitteln verwendet. So entdeckte man in den Grabkammern der Pyramiden Karaffen mit noch heute duftendem Zedernöl. Man hatte es den ägyptischen Pharaonen als Wegzehrung auf die Reise in die Unterwelt mitgegeben. Zudem wurden ihre Mumien mit dem aromatischen Zedernteer einbalsamiert.

DIE MEDIZIN

Vor allem in der Volksmedizin schrieb man dem bekömmlichen Öl heilende Wirkung zu: Insbesondere als Arznei gegen Hautkrankheiten und zur schnelleren Vernarbung von Wunden. Heute findet es noch in der Aromatherapie Anwendung.

DIE BEDROHUNG
Katastrophal wirkte sich schließlich der Erste Weltkrieg auf die letzten Zedernbestände aus: Mehr als die Hälfte der Wälder fielen der industriellen Ausbeutung zum Opfer. Sowohl als Schwellen für Eisenbahnlinien als auch als Brennholz wurden zigtausende, jahrhundertealte Bäume gefällt. Dass sich der gigantische Nadelbaum heute noch im libanesischen Wappen befindet, mag wohl eine traurige Erinnerung an das einstige »Land der Zedern« sein: Man findet heute im Libanongebirge nur noch rund 400 dieser lebenden Giganten. Nach Schätzungen dürfte ihr Alter unvorstellbare 2500 Jahre betragen.
Zedern wachsen zwar überaus rasch – pro Jahr etwa einen halben Meter – und reifen in ein bis zwei Generationen zu beachtlichen Bäumen, trotzdem wäre diese wohl bedeutendste Baumart des mediterranen Raumes beinahe von Menschenhand ausgerottet worden. Wegen seiner Leichtigkeit und gleichzeitigen Tragfestigkeit galt das Holz nämlich auch als überaus begehrtes Material für Dachschindeln, Fensterbalken und Türen sowie Vollholztäfelungen und Skulpturen.

Obwohl die Zeder zur Zeit der Kelten in Mitteleuropa kaum vorkam – der erste Baum wurde im 17. Jahrhundert nach England gebracht –, wussten sie um die enorme Bedeutung und den Wert des edlen Gehölzes. Sie achteten ihn als majestätisches Gewächs.

»Zedern« strotzen vor Selbstsicherheit

Ebenso erhaben, wie ihr Lebensbaum dasteht, spiegeln im Zeichen der Zeder geborene Regenten die Würde des Baumes wider. Seien es die französischen Könige Philipp II. Augustus oder Ludwig XVI., sei es der polnische Heerführer und König Jan Sobieski, der das Abendland 1683 von der türkischen Belagerung unter Kara Mustafa befreite, oder die österreichischen Kaiser Franz Joseph I. und Karl I. gewesen. Ihnen allen ist eine Art der inneren Berufung gemein, die sie bei ihren Aufgaben anspornte und leitete.

Laut Baumhoroskop sind »Zedern« Persönlichkeiten mit selbstsicherem Auftreten. Sie haben oft Positionen inne, in denen wesentliche Entscheidungen getroffen werden müssen. Zudem lassen sich Zedern-Geborene durch Missgeschicke und Rückschläge so gut wie nicht aus der Ruhe bringen oder entmutigen. Allerdings können sie ungeduldig werden, wenn die Umsetzung ihrer Ideen aus Bequemlichkeit verschleppt wird. Da sie sich ihrer Verantwortung bewusst sind, achten die meisten »Zedern« auch auf ihre Gesundheit.

BERÜHMTE »ZEDERN«

Unter den zeitgenössischen »Zedern« gelten die US-Schauspieler John Travolta, Burt Reynolds, Robert Redford, Ben Affleck und Robert de Niro als charakteristische männliche Vertreter dieses Baumbildes. Ebenso wie Deutschlands Fernsehliebling Fritz Wepper, der englische Popstar Robbie Williams oder Regie-Legende Roman Polanski. Auch der englische Archäologe Thomas Edward Lawrence, der als »Lawrence of Arabia« in die Geschichte eingegangen ist, erblickte wie der chinesische Staatsmann Deng Xiaoping und Kubas Fidel Castro in den Perioden der Zeder das Licht der Welt.

Österreichs ehemalige »Miss World«, Ulla Weigerstorfer, Wencke Myhre, die englische Prinzessin Anne und Louise Ciccone, weltberühmt unter ihrem Künstlernamen »Madonna«, verkörpern die typische Zedern-Frau. Zedern-Schauspielerinnen: Halle Berry, Mia Farrow und Kim Novak.

DIE KIEFER

Der Baum des Feuers

Kiefer-Tage
19. 2.–29. 2.,
24. 8.–2. 9.

Charaktereigenschaften

findet sich überall zurecht, ausgezeichneter Organisator,
mutig und unbefangen in allen Lebenslagen

DIE KIEFER

Schon bei den Kelten war die Kiefer oder Föhre als »Feuerbaum« bekannt. Verwendeten sie doch die Späne der »Kienforhas«, wie sie die mächtigen Nadelbäume mit ihren Schirmkronen nannten, als lang brennende Fackeln und zum Anzünden des Feuers. Im althochdeutschen Wort »feure« findet sich dieser Zusammenhang ebenso wieder wie in der englischen Bezeichnung der Kiefer als »fir-tree«. In Österreich war zudem der Name »Forcher« geläufig. Noch heute tragen viele Familien diesen Namen und in Dutzenden Ortsnamen wie »Forchtenstein« oder »Forchtenau« findet sich das Wort wieder.

DIE MYTHEN

Gemessen an ihrer kulturhistorischen Bedeutung und Verwendung kommt die Kiefer aber nur sehr spärlich in der Mythologie, in Sagen oder Märchen vor. Lediglich bei den Griechen erzählte man sich die Geschichte von der keuschen Nymphe Pitys, die sich aus Angst vor dem lüsternen Pan in eine Kiefer verwandelt habe. Seit diesem Zeitpunkt trägt der Baum auch den Namen der verzauberten Nymphe. Sein Harz verleiht dem griechischen Weißwein »Retsina« den charakteristisch würzigen Geschmack.

Bei den Chinesen und Japanern zählte die Kiefer zu den heiligsten Bäumen. Versprach sie doch Gesundheit, ein langes Leben und vor allem ein erfülltes Eheglück. In der Tradition der japanischen Gärten nimmt die Föhre verständlicherweise noch heute eine dominierende Rolle ein und wird auch als bezauberndes Bonsai-Bäumchen geschätzt.

DER BAUM

Weltweit gibt es von der Kiefer mehr als 80 Arten – vom kleinen Zierstrauch bis zur 50 Meter hohen Tränenkiefer, die im Himalaja-Gebirge beheimatet ist. In unseren Breiten treten vier charakteristische Kiefernarten auf: die mächtigen, bis 30 Meter hohen Rot- und Schwarzkiefern, die etwas kleineren Zirben, aus deren wohl duftendem Holz die urgemütlichen »Zirbenstuben« gezimmert werden und aus deren Früchten ein schmackhafter Schnaps gebrannt wird. Sowie die »kriechende« Form der bei uns als »Latschen« bekannten Bergkiefer.

DAS HOLZ
In ihrer Geschichte wurde die Kiefer wegen ihrer Widerstandsfähigkeit und Haltbarkeit als Nutzholz im Bergbau und in der Salzproduktion sowie als Brennholz für die Glas- und Eisenindustrie verwendet. Vor allem im 19. Jahrhundert bestand ein ungeheuerlicher Holzbedarf, da es kaum andere Energiequellen gab und die Kohle, wenn überhaupt verfügbar, viel zu teuer war.
In der Mitte des 19. Jahrhunderts etablierten sich zudem in Mähren neue Manufakturen, die »Waldwolle« erzeugten. In den Fabriken wurde die aus Kiefernnadel gewonnene Wolle mit Baum- und Schafwolle zu einem extrem robusten Stoff verwoben. Heute wird Kiefernöl bei der Herstellung von Ölfarben, Pech oder Terpentin verwendet.

DIE MEDIZIN
Bereits seit dem Mittelalter ist die vielseitige Anwendbarkeit des Kiefernöles als Naturheilmittel bekannt: So empfiehlt sich bei Halsweh, Heiserkeit oder Husten ein aus Kiefersprossen gebrauter Tee. Und bei Schlafstörungen oder Nervenleiden soll Kieferöl Abhilfe schaffen. Ätherische Öle, Badezusätze, Massageöle oder Franzbranntweine aus Latschenkiefern helfen bei Verspannungen, Muskelverletzungen oder dem »einfachen« Muskelkater.

»Kiefern« packen Probleme an

Ebenso wie ihr Lebensbaum auf kargen Böden gedeiht, wo andere Arten verkümmern würden, finden sich Fichten-Geborene in schweren Lebenslagen zurecht. Mutig und ohne Vorurteile verstehen sie es, ein Problem anzupacken und dank ihrer praktischen Veranlagung zu lösen. Ihr Fleiß und Ehrgeiz kommt ihnen dabei zugute, weshalb sie auch die geborenen »Organisationstalente« sind. Dabei mögen sie es nicht, wenn jemand ihren kollegialen Führungsstil ausnützt und ihnen schulterklopfend erklärt, welch toller Mensch sie seien. Denn »Kiefern« sind zwar durchaus gesellige Menschen, aber Günstlinge, die sich als »Feunde« aufdrängen, widerstreben ihnen.

In der Liebe begeistern sich »Kiefern« zwar sehr rasch für einen neuen Partner, doch erlischt ihre Verehrung wie ein Strohfeuer, lernen sie verborgene Schwächen des anderen kennen. So erleben sie viele herbe Enttäuschungen, bis sie den Partner fürs Leben gefunden haben.

BERÜHMTE »KIEFERN«

Die Schauspiel-Legende »James Bond« Sean Connery, Frauenschwarm Richard Gere und Deutschlands Erfolgsautor Franz Xaver Kroetz verkörpern die »Kiefer-Sirs« schlechthin. Die beiden ehemaligen österreichischen Formel-1-Piloten Niki Lauda und Gerhard Berger gelten gemeinsam mit dem Austro-Barden Rainhard Fendrich, Ex-Beatle George Harrison und TV-Star Klaus Wildbolz als typische Kiefer-Männer. Sowohl Weltstar Michael Jackson als auch seine »mütterliche« Freundin, die Hollywood-Legende Liz Taylor, sind im Zeichen der Kiefer geboren. Die Schauspielerinnen Karin Dor, Drew Barrymore, Cindy Crawford, Heidi Kabel, Marianne Sägebrecht und die österreichische Künstlerin Erika Pluhar haben ebenso die Kiefer zum Lebensbaum.

DIE WEIDE

Der Baum der Erfahrung

Weiden-Tage
1. 3.–10. 3.,
3. 9.–12. 9.

Charaktereigenschaften

vielseitiger Weltbürger, einfühlsam, künstlerisch, voller Unruhe,
intuitive Vorausahnungen

DIE MYTHEN

In der Antike galt die Trauerweide als Symbol der Keuschheit, da aus ihren Wurzeln »liebestötende« Extrakte gewonnen wurde. Neben dem Apfelbaum, der Erle und dem Kirschbaum zählte sie zu den Mondbäumen. Sie wurden in enger Verbindung mit Geistern gesehen.
In China hingegen wurden die einladenden Äste als erotisches Frühlingssymbol verehrt. Von Westchina stammt auch die in Europa am weitesten verbreitete Art der Trauerweide. Wenngleich ihr lateinischer Name »salix babylonica« eher vermuten ließe, dass sie ihre Heimat im Mittleren Osten hat. Tatsächlich stammt der Beiname »babylonica« von der Legende, die besagt, dass die Trauerweide jener Baum gewesen sei, unter dem die Juden in Babylonischer Gefangenschaft geweint und getrauert hätten.
Eine andere Namensdeutung besagt, dass Äste und Zweige der Weiden wie Tränenflüsse zu Boden strömen.
Im Mittelalter sollen in der sagenumwobenen Walpurgisnacht böse Hexen auf Weidenbesen durch die Lüfte geritten sein. Heute haben die Blüten der Weide als Palmkätzchen Einzug in die christliche Tradition gefunden. Ebenso wie bei uns die Weidenzweige des Palmsonntags das Frühlingserwachen ankünden und den Sieg des Lebens über den Tod andeuten, sahen die Kelten in den bei nahezu jeder Witterung austreibenden Weidenruten das Wiedererwachen der Natur. Als Zeichen für den neuen Lebenswillen und die neu sprießende Lebenskraft wurden Weidenruten in die Äcker gesteckt, um die belebende Energie an die frischen Böden weiterzugeben.

DER BAUM

Erfreulicherweise lassen sich Weiden durch Setzlinge problemlos pflanzen. Ist der Boden feucht genug, schlagen sie binnen kürzester Zeit Wurzeln. Selbst ein durch Windbruch geborstener oder von Menschenhand geschlägerter Baum treibt rasch wieder aus. Aufgrund dieser Fähigkeit werden die meisten Weiden gerne für naturnahe Verbauung von Böschungen und Hängen an Bächen, Flüssen oder Seen verwendet. Wobei Uferlagen ein besonders rasches Wachstum ermöglichen: Mit ihrem dicht verästelten Wurzelwerk können sie das Wasser schnell aus

den feuchten Böden aufsaugen. Außerdem strecken Weidenbäume ihre malerischen Ruten dem Wasser entgegen, um das an der Oberfläche reflektierende Sonnenlicht als zusätzliche Energie zu nützen.
Von den weltweit rund 400 Weidenarten sind Dutzende zu Sträuchern oder kriechenden Formen mutiert. So kann eine Silberweide sowohl als 30 Meter hoher Baum mit einem Stammdurchmesser von einem Meter als auch als niederwüchsiger Strauch existieren. Die Weide ist ein diözischer Baum: Das heißt, es wachsen ausschließlich weibliche oder männliche Blütenkätzchen auf einem Stamm. Laut Mythen hausten Hexen oder Kobolde in ihnen.
Der Zeitpunkt der zweiten »Weidenzeit« im Baumkreis ergibt sich aus dem natürlichen Umstand, dass Weidenruten im September am elastischsten sind. Schneidet man sie in dieser Phase, so bleiben sie ungemein lange biegsam und geschmeidig. Nur so kann man aus den dünnen Ästen Körbe flechten. Getrocknet sind sie äußert leicht und dennoch sehr belastbar.

»Weiden« sind Weltbürger

Ähnlich wie ihr Lebensbaum sind Weiden-Menschen geistig und seelisch überaus biegsam und kaum zu brechen. Wobei das nicht bedeutet, dass sie sich wie ein Wetterhahn nach dem Wind richten und keine eigenständige Meinung hätten. Es heißt nur, dass sie keine gesellschaftlichen Vorurteile haben und sie sich bei einer Diskussion das Argument eines »Sandlers« ebenso wie die Aussage eines Ministers anhören würden.
Genauso elastisch, wie sich die Äste ihres Lebensbaumes auf Wind und Wetter einstellen, reagieren Weiden-Menschen auf Stress. Dank ihrer Sensibilität und ihrer Offenheit haben sie auch ein angeborenes Gespür für den Umgang mit Menschen.
Überdies verbindet die Geburtstagskinder der Weidenzeit die Fähigkeit, bestimmte Ereignisse und politische Strömungen intuitiv vorauszuahnen. So gelten Weiden-Menschen als Weltbürger, die dank künstlerischer und praktischer Veranlagungen Träume verwirklichen können.

BERÜHMTE »WEIDEN«
Beispielsweise Alexander Graham Bell als Erfinder des Telefons oder Michail Gorbatschow, der geistige Vater von Glasnost und Perestrojka. Auch der Kosmonaut Juri Gagarin, der 1961 als erster Mensch die Erde umkreiste, und Walentina Tereschkowa, die erste Frau im All, haben mit der Weide einen gemeinsamen Lebensbaum. »Bis heute ist es im russischen Raumfahrtszentrum Baikonur Brauch, dass Astronauten einen Baum als Zeichen der Dankbarkeit und Erdverbundenheit pflanzen, wenn sie von einer Weltraummission zurückkehren«, erklärte »Austronaut« Clemens Lothaller bei der Präsentation des Lebensbaumkreises, »das Naheverhältnis zwischen Mensch und Natur ist auch für die Raumfahrt wichtig.«
Ihre Freunde und Bekannte schätzen »Weiden« als aufrichtige Persönlichkeiten und einfühlsame Trostspender. Sie werden gerne zu Rate gezogen, weil sie das Leben so akzeptieren, wie es ist. Samt seinen alltäglichen Sorgen, dem Leid und der Trauer, die der Tod mit sich bringt. Frauen, die zur »Weidenzeit« geboren sind, gelten als anmutige Wesen. Italiens Filmschöne Ornella Muti und Uschi Glas sind typische Weiden-Frauen. So sagt die Münchnerin nicht umsonst: »Familie und Natur sind für mich das Wichtigste im Leben.«
Obwohl er in Filmen meist Bösewichte mimt, ist der Schauspieler Mario Adorf ein charakteristischer Weiden-Mann.

DIE LINDE

Der Baum der Liebe

Linden-Tage
11. 3.–20. 3.,
13. 9.–22. 9.

Charaktereigenschaften

sanft und nachgiebig, vielseitig begabt, aufopferungsbereit, nimmt gelassen, was das Leben bringt

DIE MYTHEN

Kein anderer Baum ist so sehr mit der Kulturgeschichte Mitteleuropas verbunden wie die Linde. Ihre Langlebigkeit – manche Bäume werden mehr als 1000 Jahre alt – machte sie über Generationen und Jahrhunderte zu stummen Zeitzeugen. Den keltischen und germanischen Völkern galt sie als heilig. War sie doch der Fruchtbarkeitsgöttin Frigg oder Frija geweiht. Für die Germanen besaß die Linde auch die Kraft der Weissagungen und Heilungen. Unter ihren mächtigen Ästen wurde Gericht gehalten und die Thing-Versammlungen einberufen. Man meinte, dass unter einer alten Linde die Wahrheit ans Tageslicht käme. Zudem sollte der milde Duft der Lindenblüten die Richter gütig und die streitenden Parteien versöhnlich stimmen.
Tatsächlich war der Platz rund um eine Linde ein sozialer Treffpunkt, wo miteinander kommuniziert wurde. In der Nähe der meist auf Markt-, Kirchenplätzen oder auf Hügeln gepflanzten Bäume feierte man Hochzeiten. Unter ihrem Blätterdach wurde ausgelassen getanzt.
Da sich der Glaube an die schützende Kraft der Linden vor bösen Geistern über Jahrhunderte hielt, wurden aus den römischen »Aphrodite-Bäumen« und den heidnisch-germanischen »Freyja-Linden« im Zuge der christlichen Missionierung die »Marien-Linden«. Mit Kreuzen, Blumen und Bildnissen der Heiligen Mutter Gottes geschmückte Linden wurden zu Schutzbäumen. Viele Familien, Rotten oder Dorfgemeinden errichteten kleine Altäre unter dem Blätterdach und verehrten die Gottesmutter in ihren »Waldkapellen«.

DER BAUM

In unzähligen Liedern, Balladen und Gedichten spiegelt sich die tiefe Volksverbundenheit mit den bis zu 35 Meter hohen Bäumen wider: »Am Brunnen vor dem Tore«, Franz Schuberts Vertonung des Gedichts von Wilhelm Müller, ist wohl die bekannteste Hommage an die Linde. Dass die Linde Treffpunkt der Liebenden ist, erkennt man nicht nur an den Herzen, die gerne in ihre Rinde geschnitzt werden, sondern die Herzform der Blätter selbst erinnert an die Liebe. Zudem bietet die gewaltige Krone Verliebten Schutz und Zuflucht vor Wind und Wetter. Wer kennt sie nicht, die romantische Atmosphäre auf einem Rundbänkchen im Schatten des rauschenden Blätterdachs? Blühende Linden locken mit dem süßen Duft ihrer Blätter die Bienen an. Etwa 60.000 Blüten hat ein einziger Baum zu bieten und stellt somit eine unerschöpfliche »Bienenweide« dar.

DIE MEDIZIN

Doch nicht nur die emsigen Bienen schätzen den bekömmlichen Honig der Blüten. Wer unter so genannten Winterkrankheiten wie Grippe, Husten, Schnupfen oder Bronchitis leidet, weiß um die »lindernde«, sprich fiebersenkende Wirkung des Lindenblütentees.

DAS HOLZ

Da das Lindenholz keine besondere Tragfähigkeit besitzt, findet es keine Verwendung als Bauholz oder Rohstoff für Möbel. Doch machte die leichte Bearbeitbarkeit sowie die ebenmäßige Struktur das Lindenholz zum beliebtesten Schnitzmaterial des Mittelalters. Das »lignum sanctum« (= heiliges Holz) war begehrter Rohstoff für Statuen. Tausende Madonnen, Krippen- und Heiligenfiguren sind aus dem feinen Holz gestaltet. Wobei die Werke von Veit Stoß wohl die wertvollsten sind. Heute wird das biegsame Holz noch in der Maskenschnitzerei sowie im Modell- und Spielzeugbau als Grundmaterial herangezogen.
Aus dem Lindenbast fertigten die Kelten und Germanen Seile, Flechtschuhe, Matten und Säcke. Das getrocknete Laub wurde als Schaf- und Ziegenfutter verwendet oder als Zusatz für Tabak genutzt.

»Linden« leben für die Liebe

Im Lebensbaumkreis steht die Linde sowohl vor dem Frühlings- wie auch dem Herbstbeginn – also knapp vor den Tagundnachtgleichen. »Linden« sind laut Baumhoroskop Menschen, die im Spannungsfeld zwischen Traum und Wirklichkeit stehen: Einerseits streben sie Idealen nach und versuchen diese Wunschvorstellungen zu erfüllen, andererseits scheitern sie aber manchmal an der Umsetzung ihrer Wünsche. Meist darum, weil es ihnen am letzten Quäntchen Konsequenz fehlt.

Doch sind gerade sie es, die mit ihren Tagträumen und Visionen neue Dimensionen eröffnen. Als Partner sind »Linden« die idealen Lebensmenschen, da sie aufopferungsbereite Freunde sind, mit denen es Spaß macht, die Schattenseiten des Lebens zu umgehen. Mit ihrer Fantasie schaffen sie es, ihre Partner für das Schöne zu begeistern, das Leid zu vergessen und die Welt für kurze Zeit durch die »rosa Brille« zu betrachten. Obwohl sie immer wieder von der Realität eingeholt werden, verlieren sie nur selten ihren angeborenen Optimismus.
»Linden« sind ihr ganzes Leben lang auf der Suche nach seelenverwandten Gemütern. Selbst wenn sie in der Liebe Enttäuschungen hinnehmen müssen, geben sie sich nicht geschlagen. Doch sind sie einmal der Überzeugung, den Partner fürs Leben gefunden zu haben, so glauben sie unverrückbar an diesen Lebensmenschen. Folglich sind sie auch überaus eifersüchtig und zeigen gar kein Verständnis für Seitensprünge.

BERÜHMTE »LINDEN«
Zu den typischen Linden-Männern zählen Joachim Fuchsberger, der weltberühmte »Menschen für Menschen«-Initiator Karlheinz Böhm, Evergreen Peter Kraus, Jeremy Irons, »Dallas«-Bösewicht J.R. Larry Hagman, Österreichs Heinz Marecek oder Bundespräsident Rudolf Kirchschläger. Weitere Linden-Herren: Tommy Lee Jones, Hollywood-Haudegen Bruce Willis und »Neuneinhalb Wochen«-Liebhaber Mickey Rourke. Auch TV-Kommissar »Columbo« Peter Falk ist im Zeichen der Linde geboren.
Die Film-Größen Sophia Loren, Rachel Ward, Jacqueline Bisset, Ursula Andress und Isabelle Huppert, Heidelinde Weis, Nadja Tiller, Deutschlands Supermodel Nadja Auermann, die legendäre Liza Minelli und die 1990 verstorbene große Schwedin, Greta Garbo, gelten als Linden-Frauen.

DIE EICHE

Der Baum der Götter

Eichen-Tag
21. 3.

Charaktereigenschaften

robuste Natur, mutig, doch stets der Gefahr bewusst, unbeugsame Wesensart, steht mit beiden Beinen fest am Boden

DIE MYTHEN

In der Antike war die Eiche als kräftigster Baum den obersten Gottheiten geweiht: bei den Griechen Zeus, den Römern Jupiter und den Germanen Thor oder Donar. Als heiliger Baum genoss sie uneingeschränkten Schutz. Unter ihrem riesigen Blätterdach wurden rituelle Feiern abgehalten.

Bei den Kelten galt nicht nur der Baum, sondern vor allem die auf seinen Ästen wachsenden Misteln als heilig. Ihre obersten Priester, nach dem Namen der Eiche (»Duir«) Druiden genannt, schnitten die Misteln mit Sicheln ab, trockneten sie und fertigten aus ihnen Amulette zum Schutz gegen Krankheiten und Dämonen an. Noch im Mittelalter wurden Mistelmixturen als Heilmittel gegen epileptische Anfälle verschrieben. Den Sagen der Kelten zufolge wuchsen die heilenden Misteln an Stellen, an denen ein Blitz den Baum gestreift hatte.

Blitz und Eiche bilden in der Mythologie ein untrennbares Kräftepaar: Ebenso wie Zeus, als Gott der Eiche, mit einem Blitzstrahl bewaffnet war, glaubten die Germanen an die Kraft des »Himmelsfeuers«. Schließlich wohnte auch ihr Gewittergott »Donar« im Stamm des Baumes. Dass Eichen auch heute noch als Inbegriff von Härte und Kraft gelten, merkt man an so manchen militärischen Abzeichen.

Dem Volksspruch »Eichen sollst du weichen, Buchen sollst du suchen« liegt tatsächlich ein naturwissenschaftliches Prinzip zugrunde: Denn Studien zufolge treten Eichen vorwiegend an Stellen auf, wo unterirdische Quellen oder Wasserströmungen zusammentreffen. Ihre Pfahlwurzeln ragen bis zu acht Meter in den Boden und leiten die Blitze in die Erde.

Gab es zur Zeit der Germanen noch ausgedehnte Eichenwälder vom hohen Norden bis in den Süden, so ging die Ausbreitung mit den Rodungen zur Landgewinnung, dem Siegeszug des Christentums und der intensiven Holzwirtschaft zurück. Bekannt ist in diesem Zusammenhang vor allem das beispielgebende Fällen einer »Donar-Eiche« durch den heiligen Bonifatius. Auf Geheiß von Papst Gregor II. soll der »Apostel der Deutschen« im Jahr 725 einen riesigen Baum geschlägert haben um zu beweisen, dass kein Gott in dem Stamm wohnt.

DIE FRÜCHTE

Im Mittelalter schätzte man die Eichen besonders wegen ihrer nahrhaften Früchte. Denn bevor Christoph Columbus 1492 die Kartoffeln aus Amerika nach Europa gebracht hatte, war die Eichel das wichtigste Mastfutter für Schweine. Eicheln wurden auch von den Menschen verzehrt, zum Brotbacken verwendet oder geröstet, um eine Art Kaffee aus ihnen zu brauen. Zumal den Eicheln heilende Kräfte bei Leberleiden nachgesagt wurde. Dass die putzigen Eichkätzchen die Nüsse besonders gerne mögen, geht aus ihrem Namen hervor.

DAS HOLZ

Gab es früher noch etliche 1000-jährige Eichen, so fielen unzählige dieser Baumriesen den Äxten und Sägen der Holzindustrie zum Opfer. Ihr Hartholz zählt zu den widerstandsfähigsten aller Hölzer und ist überdies auch unter Wasser dauerhaft: Nicht nur im Schiffsbau, sondern auch für Brücken und Pfahlbauten ist auf Eichen Verlass. Die zwei berühmtesten Lagunenstädte, Venedig und Amsterdam, stehen zum Großteil auf Eichenstämmen. Und Whisky-, Cognac- oder Sherry-Kenner wissen um die Bedeutung der Eichenfässer für einen erlesenen Geschmack. Anfang des 20. Jahrhunderts wurden viele der letzten Eichenwälder abgeholzt, um sie zu Eisenbahnschwellen zu verarbeiten. Heute ist ein gediegener Möbelbau ohne Eichen nahezu undenkbar. Zudem schätzt man die Resistenz des Holzes für Furniere, Parkettböden und Särge.

DIE BEDROHUNG

Doch nicht nur die Holzindustrie, sondern auch Umweltfaktoren setzten der Eiche heute sehr zu. Man spricht schon vom »Eichensterben«. »Das Sinken des Grundwasserspiegels im Zusammenspiel mit der Luftverschmutzung machen die Eichen anfällig für den Befall durch Insekten, Pilze und Misteln«, erklärt Klaus Rosino, Öko-Experte vom »Kuratorium Wald«. Eine langfristige Lösung sei nur durch gezielte Maßnahmen im Flussbau, der Land- und Forstwirtschaft gemeinsam mit der Industrie möglich.

»Eichen« stehen tapfer im Leben

Im keltischen Baumhoroskop nimmt die Eiche den Frühlingstag der Tagundnachtgleiche ein. Ebenso fest, wie ihr Lebensbaum in der Erde verwurzelt ist, stehen im Zeichen der Eiche Geborene mit beiden Beinen im Leben. Sie stellen sich mutig und tapfer jeder Gefahr. Und sind sich stets des Risikos bewusst, das sie eingehen. Ihre Lebenskraft, Zähigkeit und Ausdauer, mit der sie ihre Ziele verfolgen, schlägt aber in Egoismus um, sollte sich jemand in den Weg von Eichen-Geborenen und so an ihrem »Image« kratzen. Trotz ihrer unbeugsamen Wesensart tolerieren sie andere Meinungen und Gesinnungen, wenn jemand dazu steht. »Eichen« laden gerne Gäste ein und sind Fremden gegenüber wohlwollend. Da sie auch auf ihre Gesundheit achten, kränkeln sie nur selten.

In der Liebe erfahren sie vor allem in der Jugend Enttäuschungen, da sie in »Liebessachen» leichtgläubig sind und nicht durchschauen, wenn sie jemand nur ausnützen will und es nicht aufrichtig mit ihnen meint. Die Eichen-Frau fühlt sich auch dann stark, wenn sie keinen Mann hat, an dessen starke Schultern sie sich lehnen kann. In vielen Beziehungen sind sie der eher dominantere Teil. Eichen-Männer fühlen sich überaus maskulin und robust.

BERÜHMTE »EICHEN«

Als typische Eichen-Damen sind Gila von Weitershausen und die amerikanische Schauspielerin Rosie O'Donnell am 21. März geboren. Ein Inbild des Eichen-Mannes stellen der ehemalige deutsche Außenminister Dietrich Genscher, »James Bond in Ruhe« Timothey Dalton sowie die Schauspieler Matthew Broderick und Gary Oldman dar.

DIE HASELNUSS

Der Baum der magischen Energie

Haselnuss-Tage
22. 3.–31. 3.,
24. 9.–3. 10.

Charaktereigenschaften

persönlicher Charme, erreicht gesteckte Ziele, kann sich Eindruck verschaffen, scharfe Urteilskraft

DIE MYTHEN

Menschen, die Wasseradern, Metalle oder Energiequellen mit einem gegabelten Ast suchen, verwenden seit jeher Wünschelruten aus biegsamen Haselnussholz, da sie die unsichtbaren Kraftströme aus der Erde angeblich am besten leiten. Wobei die Holzgabel nur aus dreijährigen Stauden und vor allem nur mit einem Feuerstein geschnitten werden soll. Ansonsten verliert die Wünschelrute ihre magische Kraft und kann nicht helfen, verborgene Energien und Schätze aufzuspüren.

Der traditionelle Volksglaube sagt den wegen ihrer weiten Verbreitung als »alltäglich« geltenden Haseln weitere geheimnisvolle magische Kräfte nach: So soll beispielsweise ein ausgedehntes Nickerchen unter einer Haselstaude dazu führen, dass man im Schlaf Visionen hat. Auf den Haselstöcken wachsende Schwämme wiederum können helfen, wenn man etwas vergessen oder verloren hat, um das Gedächtnis aufzufrischen. Und auf Haseln festgesetzte Misteln bieten Schutz vor bösen Geistern.

Ebenso gilt die Hasel als Symbol der sexuellen Kraft und Fruchtbarkeit. War sie schon bei den Kelten der »weißen Göttin« – der Göttin der Lust – geweiht, so nannte sie auch die heilige Hildegard von Bingen die »Frucht der Ausgelassenheit« und schrieb ihr potenzfördernde Kraft zu. Sie meinte, dass der Baum etwas Anregendes und Leichtes an sich habe, das Menschen, die in ihrer Umgebung verweilen, beschwinge und fröhlich mache.

Im Volksmund heißt es noch heute, dass einem Herbst mit vielen Nüssen ein Sommer mit vielen Kindern folgt. Außerdem kündigt ein ertragreiches Haselnussjahr einen strengen Winter an und verspricht für das kommende Jahr eine reiche Ernte.

Aus diesen tradierten Meinungen lässt sich auch die Reihung des Haselnussbaumes im keltischen Baumkreis deuten: Wer an den Haseltagen (22. bis 31. März und 24. September bis 3. Oktober) das Licht der Welt erblickt hat, wurde im Zeitraum rund um die kürzeste oder längste Nacht des Kalenderjahres gezeugt. So wie der Mensch neun Monate im Mutterleib reift, braucht die Haselstaude üblicherweise neun Jahre, bis sie Früchte hervorbringt.

DER STRAUCH

Obwohl die Gemeine Hasel oft nur als kleiner Strauch gedeiht, übt sie großen Einfluss auf die Natur aus. Denn als Pionierpflanze schafft sie die Lebensgrundlage für andere Baumarten. »In lichten Laubmischwäldern, am Waldrand und in Auen hat die Haselstaude eine bedeutende ökologische Funktion«, erklärt ein Biologe vom »Kuratorium Wald«. Ohne die Windschutzgürtel, die die Haselnuss-Reihen darstellen, würde das Kleingetier vom Hasen bis zum Igel sowie Dutzende Vogelarten keinen Unterschlupf finden. Gleichzeitig schützen die meist dichten Feldhecken die Äcker vor Erosion.

Reumütig legen jene Landwirte, die die »lästigen Stauden« vor Jahren ausgegraben haben, um neue Anbauflächen zu gewinnen, inzwischen wieder Haselhecken entlang von Feldwegen an.

DIE FRÜCHTE

Schon in Steinzeit wurde die wohlschmeckende Haselnuss wegen ihres hohen Eiweiß- und Ölgehaltes geschätzt. Außerdem wurde sie als schützender Talisman vor Schlangen, Hexen und Blitzeinschlag verwendet. Noch heute finden sich in Bauerngärten Haselstauden, um das Böse abzuwehren.

DAS HOLZ

Das Haselholz selbst hatte seit jeher eher eine untergeordnete Bedeutung. Es fand aber wegen seiner Elastizität bei der Herstellung von Fassreifen, Armbrustbögen oder Fischreusen Verwendung. Und als Spazierstock begleitet die Haselnuss noch heute viele Wanderer.

»Haselnüsse« haben Charme

Ebenso wie der Haselbaum die Lebensbasis für andere Pflanzen und Tiere schafft, gelten Haselbaum-Geborene als Vorkämpfer für das Gemeinwohl. Laut keltischem Baumkalender zeichnen sich Hasel-Menschen durch Ehrlichkeit und Offenheit aus. Wobei ihre direkte Art, Probleme anzusprechen, nur deshalb akzeptiert wird, da »Haseln«

angeborenen Charme besitzen. Trotz ihrer meist treffenden Kritik und Urteilskraft bleiben sie gegenüber den Schwächen ihrer Mitmenschen tolerant. Für ebendiese Stärke werden sie von vielen beneidet. »Haseln« haben auch eine in die Wiege gelegte Wesensart, die ihnen hilft, sich Eindruck zu verschaffen. Ihr Talent, in der Öffentlichkeit selbstbewusst aufzutreten und sich sicher im Rampenlicht zu bewegen, bringt aber auch mit sich, dass sie phasenweise ihr Familienleben vernachlässigen. Ihr extrovertiertes und meist aufregendes Leben führt leider dazu, dass sie in der Liebe zur Launenhaftigkeit tendieren.

BERÜHMTE »HASELNÜSSE«

Als Haselnuss-Frauen gelten TV-Liebling Barbara Wussow, Brigitte Bardot, Linda Hamilton, Diana Ross, Maria Carey, Sarah Jessica Parker, Olivia Newton-John und Hollywood-Star Catherine Zeta-Jones. Ihr Ehemann Michael Douglas und sein ehemaliger Serienpartner Karl Malden – als legendäre Detectives in der TV-Serie »Straßen von San Francisco« wurden sie gemeinsam berühmt – haben die Haselnuss zum Lebensbaum. Auch die Schauspieler Richard Chamberlain, Christopher Lambert, Marcello Mastroianni und der 2004 verstorbene »Superman« Christopher Reeve sowie Englands »Pop-Sir« Elton John sind in den Tagen der Hasel geboren.

DIE EBERESCHE

Der Baum des Glückes

Ebereschen-Tage
1. 4.–10. 4.,
4. 10.–13. 10.

Charaktereigenschaften

feinfühlig, für künstlerische Berufe geeignet, will die Welt verschönern, in der Liebe leidenschaftlich

DER NAME

Da ihre Früchte eine begehrte Nahrung für Singvögel sind, wird die Eberesche auch Vogelbeerbaum genannt. Ihre Vorliebe für die schmackhaften Perlen wurde früher vielen Amseln und Drosseln zum Schicksal, da sie von Vogelhändlern als Lockmittel verwendet wurden, um die gefiederten Freunde in ihre Käfige einzuladen. Doch auch der Mensch erfreut sich an ihren leuchtenden Früchten: In unzähligen Gärten ist die Eberesche wegen ihrer anmutigen Form ein beliebter Zierbaum.

DIE MEDIZIN

Aus den köstlichen Vogelbeeren lässt sich ein hervorragender Schnaps mit lieblichem Geschmack brennen. In mäßiger Dosierung gilt der »Faulbeerler«, wie er auch genannt wird, durchaus als Arznei. Während der übermäßige Genuss geistiger Getränke bekanntlich meist mit hämmernden Kopfschmerzen beim Aufwachen endet, helfen die getrockneten Beeren der Eberesche gegen derartige Beschwerden. Sie lindern auch den Schmerz bei Migräne. Ein Tee aus Vogelbeerblüten ist ein altbewährtes Hausmittel gegen Bronchitis, Husten und Lungenentzündung. Um den meist etwas herben Geschmack des Birnen- oder Apfelmosts zu dosieren, verwenden Mostbauern die Beeren zur Verfeinerung des Getränkes. Gleichzeitig hält der Most dadurch länger.

DAS HOLZ

Das biegsame Holz der Eberesche kann wunderbar poliert werden und erhält einen herrlichen Edelglanz. Überdies lässt es sich nur mühevoll spalten und wird deshalb auch von Drechslern als Werkholz geschätzt.

DER BAUM

Auch die ökologische Bedeutung der Eberesche als Vorwald- und Pionierbaum ist von großer Bedeutung. »Durch ihre Fähigkeit zur vegetativen Vermehrung über kräftige Stockausschläge und Wurzelbrut übt sie eine stabilisierende Wirkung auf ihre Umgebung aus«, betont Umwelt-Experte Ernst Partl. So eignen sich die tiefen Wurzeln des Vogelbeerbaums bestens zur Festigung und Sanierung von Hängen. Die

Eberesche wird deshalb immer mehr zur Aufforstung von Kahlschlägen und beim Anlegen von Windschutzgürteln ausgewählt. Ein Grund liegt darin, dass der bis zu zwanzig Meter hohe Baum auch auf Seehöhen von bis zu 2000 Meter wächst. Als vielstämmiger Strauch am Waldrand wiederum bietet der Vogelbeerbaum dem Kleingetier und den Vögeln Unterschlupf und Zuflucht.

DIE MYTHEN

Auch die Kelten sahen in der Eberesche einen schützenden und glücksbringenden Baum. Weshalb sie ihre heiligen Stätten und Gerichtsplätze gerne mit diesen Bäumen umzäunten. Das Erblühen der grazil und anmutig wirkenden Ebersche war für sie der Inbegriff des Wiedererwachens nach dem Winter.

Bei den Nordgermanen indes war dieser Baum dem Gewittergott Donar geweiht. Denn eine Eberesche soll es gewesen sei, die dem Gott helfend beistand, als sich dieser im letzten Augenblick aus einem reißenden Fluss retten konnte. In seiner Dankbarkeit gab Donar dem helfenden Baum die Kraft, Blitze abzuhalten. Aus dieser Sage entwickelte sich der Brauch, Häuser und Ställe mit Zweigen des Vogelbeerbaumes vor Blitzschlag zu bewahren. Zudem sagte man diesen an Fensterkreuzen befestigten Fetischen nach, böse Geister und Hexen aussperren zu können. In der Tradition des bäuerlichen Volksglaubens galten Ebereschen-Äste lange Zeit als »Lebensruten«, mit denen man das Vieh gesund schlagen konnte. Außerdem meinte so mancher Bauer am jeweiligen Ästestand, der sich aus dem Druck, den die Beeren auf die einzelnen Zweige ausübt, ergibt, die Strenge des kommenden Winters vorhersagen zu können.

»Ebereschen« verschönern die Welt

Ihrem Lebensbaum gleich, sind im Zeichen der Eberesche Geborene konfliktbereite Persönlichkeiten, die trotz ihrer vermeintlichen Fragilität einen überaus starken Charakter und Durchsetzungswillen besitzen. Laut Baumhoroskop sind »Ebereschen« Personen, denen zwischenmenschliche Beziehungen sowie ihre Umwelt besonders am Herzen liegen. Um die Gesellschaft verschönern und verbessern zu können, arbeiten sie sehr hart an sich selbst. Sie setzen sich mit den Themen und Fragen der Zeit auseinander und kämpfen dagegen an, alles dem reinen Nutzen und Gewinn unterzuordnen. Tag für Tag streben sie danach, sich am Guten zu orientieren. Und so schrecken sie auch nicht davor zurück, sich öffentlich gegen Ungerechtigkeit auszusprechen. Oder sich zu Themen wie Rassismus zu Wort zu melden. Auf diese Art halten sie der Gesellschaft einen Spiegel vor. Wobei sie trotz dieser kämpferischen Art gegen das »Böse« ihren Anmut und ihr Feingefühl nicht verlieren. Im Gegenteil: Ihrem Engagement für das Gute erwächst eine innere Schönheit. Selbst wenn sie bei ihrem Einsatz für Gerechtigkeit mit Untergriffen und Gemeinheiten zutiefst verletzt werden, verlieren sie ihre Haltung nicht. Sie können mit Kummer und Sorge umgehen und hüten sich davor, ihre Ängste anderen aufzudrängen. Ebenso leidenschaftlich, wie sie für Ideen kämpfen, sind Ebereschen leidenschaftlich in der Liebe. Erlischt diese Leidenschaft, so machen sie sich allerdings nichts vor und zeigen kein Interesse, eine Schein-Beziehung aufrechtzuerhalten. Sie sprechen ihre Gefühle offen aus und gibt es keine Lösung, so entscheiden sie sich für einen Partnerwechsel.

BERÜHMTE »EBERESCHEN«

Eine typische Ebereschen-Frau ist Hollywood-Star Sigourney Weaver, die in der Rolle der von skrupellosen Tierhändlern ermordeten Gorilla-Forscherin Dian Fossey brillierte. Auch die Grande Dame des deutschen Films, Christiane Hörbiger, ist im Zeichen der Vogelbeere geboren. Sie sagte in einem Interview: »Es ist wichtig, dass man den Kampfgeist und das Durchsetzungsvermögen nie aufgibt. Der Ehrgeiz ist eine wunderbare Triebfeder, aber er muss mit Diplomatie gepaart sein.« Weitere Ebereschen-Damen: Kate Winslet, Lilo Pulver, Ingrid Steeger und Doris Day.

Als charakteristischer Ebereschen-Mann verzaubert Star-Tenor Luciano »Big P« Pavarotti nicht nur seine Fans dank seiner eindrucksvollen Stimme: Bei Benefiz-Konzerten für Behinderte stellt er sein Talent auch unentgeltlich in den Dienst für eine gute Sache. Typische Ebereschen-Männer aus Deutschland: die »Womanizer« Heiner Lauterbach und Sascha Hehn, Jürgen Drews, Stefan Raab, Towje Kleiner und der verstorbene »Seewolf« Raimund Harmstorf. Auch etliche der absoluten Hollywoodgrößen und Kinostars haben die Eberesche zum Lebensbaum: Charlton Heston, der 2004 verstorbene »Pate« Marlon Brando, »Gladiator« Russel Crowe, Alec Baldwin, »Dr. Schiwago« Omar Sharif, »Kung Fu« David Carradine und der unverwüstliche Jean-Paul Belmondo.

DER AHORN

Der Baum der Kraft

Ahorn-Tage
11. 4.–20. 4.,
14. 10.–23. 10.

Charaktereigenschaften

fantasievoll und originell, gleichzeitig stolz und ehrgeizig,
ständiger Kampf um die eigene Identität

DER AHORN

Wie die Rotorblätter eines kleinen Hubschraubers drehen sich die Flügelsamen des Ahorns, wenn der Herbstwind sie von den mächtigen Baumkronen wirbelt. Dank der Drehbewegung sinken die Früchte langsam von den bis zu 40 Meter hohen und 400 Jahre alten Baumriesen. Schon der leiseste Windstoß trägt sie dann von der Mutterpflanze weg und die Chance, dass neues Leben entsteht, wächst um ein Vielfaches. Wegen der flügelartigen Form der Propeller, die wie Engel vom Himmel schweben, wird der Ahorn auch Engelsköpfchenbaum genannt.

DIE MYTHEN

In der griechischen Mythologie spielt der Ahorn eine bedeutende Rolle im Kampf um Troja. Denn das auf Rat des Odysseus erbaute riesige hölzerne Pferd, in dessen Bauch sich die griechischen Helden versteckt hatten, war aus Ahornholz gezimmert.
Auch in der Sage von Pan, dem Hirtenjungen, der mit seiner Flöte die Nymphen betört, tritt der Ahorn in Erscheinung. Denn das Instrument des verspielten Jünglings ist aus seinem Holz geschnitzt.
Bei den Germanen verkörperte der Ahorn ein Rechtssymbol. Unter seinen Ästen wurde Freiheit und Frieden verkündet. So zum Beispiel wurde der Schwur des »Grauen Bundes« unter einem Freiheitsbaum abgelegt: Aus dem Bund entwickelte sich das heutige Graubünden. Wobei die alte deutsche Bezeichnung »orn« auf das lateinische Wort für Vogel, »ornis« zurückgehen dürfte. Die Anspielung auf die oben erwähnten Flugeigenschaften der Samen liegt auf der Hand.

DAS BRAUCHTUM

Das Brauchtum, einen Feldahorn bei einem Gehöft als Schutzbaum zu pflanzen, wird mancherorts noch heute gepflegt. Historisch gesehen hatte dieser Brauch einen durchaus praktischen Nutzen: Denn aus den vergorenen Blättern ließ sich in Hungerszeiten ein musartiger Brei zubereiten und aus dem Saft ein süßlicher Sirup gewinnen.
Zudem hat es eine Tradition gegeben, Ahornzapfen in Türen und Schwellen zu schlagen um zu verhindern, dass böse Geister das Haus betreten.

Am Johannistag (24. Juni) sollten an Türen und Fenster gesteckt Äste ebenfalls unerwünschten Besuch von zweifelhaften Wesen vereiteln. Bei schwerem Fieber riet die Volksmedizin Zweige und Blätter abzukochen und als Badezusatz zu verwenden. Auch gegen Schwellungen sowie Insektenstiche wurden Blätter aufgelegt. Und am offenen Feuer erhitztes Holz sollte die Gicht vertreiben.

IN CHINA

Selbst in China nimmt der Ahorn eine Ehrenstellung unter den Bäumen ein. Allein der chinesische Name »feng«, das so viel bedeutet wie »mit einem Würderang betrauen«, verrät seine Wertschätzung. Denn ein Chinese, der gleichsam in den Adelsstand erhoben wurde, erhielt als sichtbares Zeichen seiner neuer erhabenen Funktion ein Bild, das einen auf einem Ahorn sitzenden Affen zeigte.

IN JAPAN

Für die Japaner wiederum symbolisiert der Ahorn die Leichtigkeit und Freiheit des Seins. So findet er sich auf einem beliebten Kartenspiel gemeinsam mit dem Hirschen, dem Sinnbild der ungezähmten Wildheit, wider. Und in den dank ihrer künstlerischen Gestaltung weltweit bestaunten japanischen Gärten sorgen in allen Farben strahlende Ahornblätter für ihren mächtigen Eindruck.

DER BAUM

Als Allee- und Parkbaum wird in Europa in erster Linie der Spitzahorn gepflanzt. Der Bergahorn wiederum gedeiht auf humusreichen Kalk-Hangschuttböden. Er eignet sich ideal für die Stabilisierung von rutsch- und erosionsgefährdeten Hängen, da sein weit verzweigtes Herzwurzelsystem den Baum tief verankert. Aufgrund dieses lebenden Fundamentes gilt er als besonders sturmsicher und bruchfest. Sein ausgesprochen hartes Holz lässt sich gut bearbeiten und findet als Möbel-, Furnier-, Parkett- oder Drechslerholz Verwendung. Zudem wird es aufgrund seiner guten Resonanzeigenschaften auch beim Streichinstrumentenbau eingesetzt.

Ein »Ahorn« strahlt Energie aus

Genauso eigenwillig, wie sich die Äste des Baumes in Richtung Himmel strecken, gelten im Zeichen des Ahorns Geborene als dynamische Persönlichkeiten, die furchtlos an neue Aufgaben herantreten. Dank ihres Ehrgeizes und ihrer Fantasie finden sie meist Lösungen zu den kniffligsten Problemen. Obwohl sie bei vielen ihrer Entscheidungen auf Eigenständigkeit bedacht sind, hegen sie dennoch ein großes Bedürfnis nach gesellschaftlicher Anerkennung. Die Triebfeder für die Tatkraft des »Ahorns« ist sein täglicher Kampf um die persönliche Identität. Denn obgleich er auf der einen Seite durchaus bescheiden und ruhig wirkt, geht sein Temperament mit ihm durch, sobald es um seinen Stolz und Namen geht. Manchmal verfolgen Ahorn-Geborene ihre Ziele derart verbissen, dass sich ihr gesunder Ehrgeiz in manischen Geltungszwang umwandelt. Ihre narzisstische Veranlagung lässt sie bisweilen auch vergessen, dass es nicht gerade dem guten Ton entspricht, sich in die erste Reihe zu stellen.
In ihren Beziehung gelten Ahorn-Menschen als Personen, die gerne mit Wissen und Können prahlen, wenn man sie zu sehr anhimmelt. Aber sie können diese exhibitionistische Ader rasch wieder unterdrücken, sofern sie ihr Partner rechtzeitig darauf hinweist. Ansonsten besteht die Gefahr, dass sich der »Ahorn« zu sehr in seiner Eitelkeit verliert.

BERÜHMTE »AHORNE«
Als »James Bond« kämpfte Roger Moore mit viel Energie gegen das Böse in der Welt. Der 007-Agent ist ebenso in den Tagen des Ahorns geboren wie der 2004 verstorbene Sir Peter Ustinov, Filmschwergewicht Bud Spencer, Kinoheld Jean-Claude van Damme, Hollywoods Andy Garcia, Hardy Krüger, Rockstar Herbert Grönemeyer, die TV-Lieblinge Elmar Wepper und Claus Theo Gärtner. Als typischer Ahorn-Mann besucht auch Kammersänger Heinz Holecek gerne den keltischen Lebensbaumkreis auf der Wiener Himmelwiese und geht oft in den Wald spazieren, um dort Energie zu tanken.
Frankreichs Diva Catherine Deneuve, Victoria Beckham und Julie Christie verkörpern den Stolz und Ehrgeiz der Ahorn-Frau.

DER NUSSBAUM

Der Baum der Standhaftigkeit

Nussbaum-Tage
21. 4.–30. 4.,
24. 10.–2. 11.

Charaktereigenschaften

unbeugsame Persönlichkeit, edel, mit weitem geistigen Horizont, schwieriger Partner

DIE MYTHEN

Nussdorf, Nussbach, Nussbrunn – die lange Tradition des Nussbaumes spiegelt sich in Dutzenden Orts- und Flussnamen im deutschen Sprachraum wider. Doch seine eigentliche Heimat hat der Baum mit der köstlichen Frucht in Mittelasien. Die Griechen brachten die göttlichen Kugeln – so nannten sie die Nüsse – im 7. Jahrhundert v. Chr. nach Europa. Bei den Römern waren sie Jupiter geweiht und galten als »Eicheln des Jupiter«. Wie die Bezeichnung verrät, waren sie ein Symbol der Fruchtbarkeit. Die heutige Bezeichnung Walnuss steht jedoch in keinem Zusammenhang mit den Kolossen des Meeres, sondern deutet lediglich auf die Verbreitungsgeschichte des Baumes hin. Denn die Nuss ist über das »walhische«, »welsche« Land, also über Italien in den Norden gekommen. Die Kelten brachten sie schließlich bis nach England und Irland.

DAS BRAUCHTUM

Die »Welsche Nuss« wurde auch in unseren Breiten mit dem Mythos der Fruchtbarkeit in Verbindung gebracht. In unzähligen Bräuchen taucht die Nuss als Symbol der Fertilität auf. Beispielsweise im oberösterreichischen »Stockwerfen«: Heiratsfähige Mädchen schleudern einen Stock in die Baumkrone. Verhängt sich der Stab in den Ästen, so bedeutet das, dass die Werferin noch im selben Jahr vor den Traualtar treten wird. Außerdem legt man Frischvermählten den Genuss von Nüssen ans Herz, da dieser reichen Kindersegen verspricht. Und ein Herbst mit vielen Nüssen bedeutet laut Volksglauben viele männliche Nachkommen sowie viele uneheliche Kinder im kommenden Jahr. Überdies ist es in ländlichen Gebieten auch heute noch gang und gäbe, dass bei der Geburt des ersten Sohnes ein Walnussbaum gesetzt wird.

DIE MEDIZIN

Weiters hat sich die Bedeutung der Nuss durch ihre vielseitigen Verwendungsmöglichkeiten in der Volksmedizin ergeben. Nicht nur, dass der aromatische Duft der Blätter Insekten vertreibt, so mildern sie auch den Schmerz bei Insektenstichen. Gleichzeitig war ein Sud aus Nussästen und Blättern als Arznei gegen Hautkrankheiten bekannt.

Die entzündungshemmende Kraft der Nuss-Extrakte werden in der modernen Medizin gegen dermatologische Erkrankungen sowie Venenentzündungen oder Krampfadern verschrieben.
In Zusammenhang mit dem bitteren, insektenvertreibenden Aroma des Baumes dürfte auch die Tatsache stehen, dass auf vielen Bauernhöfen ein Nussbaum in der Nähe der Jauchengrube gepflanzt wurde. Der damit verbundene Aberglaube, dass ein zu langes Verweilen unter dem Baum betäubend sei und sogar zum Tod führen könnte, stammt aus dem Reich der Fantasie.
Kurioserweise ist die Frucht des Baumes gar keine Nuss, sondern eine grünliche Steinfrucht. Fälschlicherweise erhielt ihr bekömmlicher Kern den Namen »Walnuss«. Wie auch immer – sie haben enormen Nährwert (bis zu 65 Prozent Fett, 25 Prozent Eiweiß sowie wertvolle Vitamine und Proteine).

DAS HOLZ

Dank seiner Härte und seinen »lebendigen« Maserungen entwickelte sich das Nussholz zu einer der teuersten Holzarten. Interessanterweise erreichen jene Stücke die besten Preise, die krank, sprich von Maserknollen befallen sind. Schon im Mittelalter war die »Nuss« begehrtes Schaftholz für Armbrüste. Und für die Waffenproduktion der Weltkriege wurden Tausende Bäume gefällt, um aus ihren Stämmen und Ästen Gewehrkolben zu fräsen.

DER NUSSBAUM

Im Lebensrhythmus der Kelten nimmt der Nussbaum eine wesentliche Rolle ein. Nicht umsonst fällt die erste Periode des Baumkreises auf die Blütezeit des Baumes. (21.–30. April). Denn gerade von dieser Zeit hängt es ab, wie ertragreich das Jahr wird. Sollten die jungen Knospen vom Frost überrascht werden, ist der Ertrag des Baumes im Herbst katastrophal. Im Bauernkalender ist der 25. April als »Nusstag« eingetragen, weshalb früher die Gläubigen den heiligen Markus als Tagesheiligen anflehten, damit er die Bäume vor der Kälte bewahre.
Der zweiten »Nussphase« räumten die Kelten gleich ganze zehn Tage ein (24. Oktober bis 2. November). Denn in dieser Zeit wurden die

Nüsse als lebensnotwendiger Fettvorrat für den Winter gesammelt. Zudem feierten die Kelten am 1. November eines ihrer größten Feste mit gebratenen Gänsen und Nüssen.

»Nussbäume« sind unbeugsam

»Nussbäume« sind laut dem Druiden-Kalender unnachgiebige Personen. Ihnen sind oberflächliche Sachen zutiefst zuwider. Wie ihren Lebensbaum zeichnet sie ihr unbeugsames Wesen aus. Setzen sie sich für einen Menschen oder ein Thema ein, so tun sie das ohne Wenn und Aber. Das heißt, sie lassen sich von nichts und niemanden abhalten oder beirren und verfolgen ihr Ziel bis an die Grenze des Martyriums. Wegen dieser aufrichtigen Art und ihrer angeborenen Autorität werden viele Nuss-Menschen bewundert. Doch ihre Unbeugsamkeit führt zu vielen Konflikten, vor allem in der Partnerschaft. Denn »Nüsse« wollen es nicht akzeptieren, wenn die Liebe erlischt oder ein geliebter Mensch nicht auf ihr Werben reagiert. Sie wollen die Zuneigung des anderen förmlich erzwingen und können dabei zu unausstehlichen »Gefühls-Terroristen« werden. Andererseits machen sich viele Nuss-Menschen selbst unglücklich, weil sie nicht akzeptieren wollen, dass sie sich in ihrem Partner geirrt haben.

BERÜHMTE »NUSSBÄUME«
Al Pacino, Anthony Quinn, Helmut Lohner, Jack Nicholson sowie Klausjürgen Wussow zählen zu den typischen Nuss-Männern, die einerseits ein weiter geistiger Horizont auszeichnet, die aber andererseits als »schwierige Personen« gelten. Weitere »harte Nüsse«: Kevin Kline und Richard Dreyfus.
Oscar-Preisträgerin Barbra Streisand, die wegen ihrer Liaison mit dem wesentlich jüngeren Tennis-Ass Andre Agassi für weltweites Aufsehen sorgte, Michelle Pfeiffer, sexy Verona Feldbusch, Shirley MacLaine, Winona Ryder und Julia Roberts verkörpern die charakteristischen Nuss-Frauen.

DIE KASTANIE

Der Baum der Gerechtigkeit

Kastanien-Tage
15. 5.–24. 5.,
12. 11.–21. 11.

Charaktereigenschaften

ausgeprägtes Gerechtigkeitsgefühl, glaubt sich häufig unverstanden, sehr selbstkritisch

DIE KASTANIE

In Mitteleuropa zählen die Kastanien zu den am weitesten verbreiteten Bäumen. Wobei die ursprüngliche Heimat der Edelkastanie in Kleinasien liegt. Etwa 500 v. Chr. wurde sie bereits in Griechenland, Süditalien und Spanien gepflanzt. Schließlich brachten die Römer die Edelkastanie in nördlichere Regionen. Einerseits, weil sie die wohlschmeckenden Maroni nicht missen wollten – die stärkereichen Früchte zählten neben Mais und Reis zu den Grundnahrungsmitteln –, andererseits wegen ihres dauerhaften Holzes. Sie brauchten es für Rebstöcke, Stützpfähle und Palisaden.

Die Rosskastanie wiederum wurde im 16. und 17. Jahrhundert von den Türken auf ihren Eroberungsfeldzügen in Europa verbreitet. Über den Ursprung des Namens sind sich die Historiker nicht einig. Während die einen davon ausgehen, dass die Osmanen bei ihren Beutezügen die »Rosscastannie« als konditionsstärkendes Futter für ihre Rösser mitgenommen hatten, meinen die anderen, dass der Name nicht auf die Türken, sondern auf das indogermanische »roß«, das so viel wie »falsch« bedeutet, zurückgeht. Demnach wäre die »Rosskastanie« eben eine unechte Kastanie. In ihren ursprünglichen Herkunftsgebieten im heutigen Griechenland und Bulgarien braute man aus den Früchten Bier und verwendete geriebene Kastanien in Notzeiten als Kaffeeersatz. Zudem fütterte man Schweine und Schafe mit ihnen. In unserer Breiten versorgen Jäger und Förster das Rotwild mit den glatten Früchten.

In Mitteleuropa entwickelte sich die prächtige Rosskastanie zum beliebtesten Allee- und Parkbaum. Ihre majestätische Größe, ihre weißen Blütenkerzen, ihre stacheligen Fruchtbehälter und schließlich ihre glänzenden Früchte machten sie zum Lieblingsbaum des französischen Sonnenkönigs Ludwig XIV. Der absolutistische Herrscher ließ weitläufige Alleen mit Hunderten Bäumen als Zeichen seiner Macht pflanzen. Als Symbol der Stärke sollten sie seinen göttlichen Herrschaftsanspruch untermauern.

DIE MEDIZIN

Im Laufe der Zeit erlangte die Kastanie Eingang in die Volksheilkunde. Teegetränke aus der Rinde und den Früchten wurden bei Durchblutungsstörungen, Bronchitis oder Darmkatarrh verschrieben, Tinkturen sollten gegen Warzen, Geschwüre sowie Frostbeulen wirken und am Körper getragene Kastanien Rheumaschmerzen lindern. Heute verwendet man ihre Essenzen in der Homöopathie bei Leber- oder Prostataerkrankungen.

DAS HOLZ

Wegen seiner Widerstandsfähigkeit gegen Feuchtigkeit wurde das Holz der Edelkastanie für Stallböden und Fassdauben, über Telegrafenmasten und Eisenbahnschwellen bis hin zu Schiffsplanken und Zaunpfählen genützt. Ganz im Gegensatz dazu ist das Rosskastanienholz weich und schwindet sehr rasch und findet lediglich im Spielzeugbau sowie für Obstkisten Verwendung. Dafür war der aus Rosskastanien erzeugte Leim ein gefragtes Klebemittel für Buchbinder. Auch Tapeten wurden mit dem »Kastanien-Leim« befestigt. Außerdem ließ sich aus den Früchten ein seifenartiges Waschmittel gewinnen.

DIE BEDROHUNG

Im 19. Jahrhundert musste die Edelkastanie Weingärten und Tabakpflanzungen weichen. Heute ist auch die Rosskastanie im verbauten Gebiet gefährdet: Seit Jahren hat die aus Mazedonien stammende Miniermotte den Baum befallen. Die Symptome sind eindeutig und erschreckend: Die Blätter werden braun, brüchig und fallen bereits im Sommer ab. Allein in Wien sind zwei Drittel befallen. Ein Hoffnungsschimmer ist das »Rezept« des Baumchirurgen Manfred Saller, der »Killer-Motte« durch organische Düngung zu Leibe zu rücken …

»Kastanien« lieben ihre Familien

Wie die Kastanie bereits im Herbst neue Knospen hervorbringt und als Symbol des Weitblicks gelten, sagt man im Zeichen dieses Baumes Geborenen nach, vorausblickende Personen zu sein. Zudem verbreiten die bis zu 30 Meter hohen und 500 Jahre alten Naturriesen unter ihrem dichten Blätterdach ein Gefühl der Geborgenheit und sollen nerven-

stärkende Wirkung besitzen. Ihr markanter Wandel im Lauf der Jahreszeiten macht sie zudem zum Urbild stetiger Veränderung.
Die Festlegung des ersten Abschnittes im keltischen Lebensbaumkreis (15. bis 24. Mai) dürfte mit der Blütezeit der Edelkastanie in Verbindung stehen. Menschen, die zu dieser Zeit das Licht der Welt erblicken, sind überaus selbstkritisch, weil sie sich sowohl ihrer Stärken als auch Schwächen bewusst sind. So zeichnen Kastanien-Menschen ihre »diplomatischen« Fähigkeiten aus. Aufgrund ihres gefestigten Charakters wollen sie nur selten mit Gewalt Eindruck schinden. Deshalb versuchen sie auch selten ihre Überlegenheit auszuspielen. Fühlen sie sich allerdings jemanden unterlegen, neigen sie dazu, dem »Kontrahenten« aus dem Weg zu gehen.
»Kastanien« stehen im Spannungsfeld ihrer Vernunft und ihrer ebenso ausgeprägten Emotionalität – auch ihr angeborenes Gerechtigkeitsgefühl kann da nicht immer vermitteln.
An die »Liebe auf den ersten Blick« glauben Kastanien-Geborene kaum, Vielmehr vertrauen sie in »Sachen Liebe« einem abwägenden, eher rationalen Zugang. So neigen sie auch nicht zu Liebeleien, sondern warten auf den Partner fürs Leben, mit dem sie eine Familie gründen wollen. Trotz ihrer beruflichen Erfolge steht für sie die Familie im Mittelpunkt ihrer Gedanken. Da »Kastanien« stets halten, was sie versprechen, ist auf sie immer Verlass.

BERÜHMTE »KASTANIEN«
»Wetten, dass«-Starmoderator Thomas Gottschalk, »James Bond« Pierce Brosnan, Hollywoods Danny de Vito, der legendäre »Monaco Franze« Helmut Fischer und Österreichs Fernsehliebling Karl Merkatz, der als »Bockerer« einen geradlinigen, verlässlichen Freund verkörperte, gelten als typische Kastanien-Männer.
Priscilla Presley, »Traumfrau« Bo Derek, Supermodel Naomi Campbell, Debra Winger, »Denver-Biest« Joan Collins und die Rockstars Cher sowie Janet Jackson sind ausgesprochene Kastanien-Frauen mit angeborenem Charme.

DIE ESCHE

Der Weltenbaum

Eschen-Tage
25. 5.–3. 6.,
22. 11.–1. 12.

Charaktereigenschaften

anziehendes Wesen, lebhaft, impulsiv und fordernd, lehnt Autoritäten ab und steckt sich meist hohe Ziele

DIE MYTHEN

In der nordischen Mythologie verband man mit der Esche das Bild vom Weltenbaum. Die nordgermanische Weltenesche »Yggdrasil« wurde in den Heldensagen als lebende Säule besungen, die drei Welten miteinander verband: Ihre Wurzeln reichten in die Unterwelt, ihr Stamm trug die scheibenförmige Erde und ihre Baumkrone stützte das Gewölbe des Himmels. Somit stand der »Weltenbaum« als Symbol für die mystische Verbundenheit von Erde und Kosmos, Zeit und Raum, Leben und Tod.
Auch in der Kunst fand die Esche als Weltenbaum ihren Niederschlag: So beklagen die Nornen in Richard Wagners Oper »Götterdämmerung« das Sterben der »Weltenesche«, nachdem Wotan aus einem ihrer Äste einen Ger, einen Wurfspieß, gefertigt hatte.
Da die mächtigen Eschen am liebsten an schattigen Flussufern oder in Augebieten wachsen, verkörperten die mächtigen Eschen für die Kelten gemeinsam mit dem Wasser ein »Kräftepaar«. So nahmen die Druiden Stäbe aus Eschenholz, um die Götter in Dürrezeiten um Regen anzuflehen. Zudem verehrten die Priester die mächtigen, bis an die 45 Meter in den Himmel ragenden Baumriesen wegen ihrer »Kraft«, selbst reißende Flüsse mit ihrem tiefen Wurzelwerk im Zaum zu halten.
Auch in der griechischen Mythologie gab es eine Verbindung von Esche und Wasser. War der Baum doch dem Meeresgott Poseidon geweiht, und sagte man ihm nach, Schiffbrüchige vor dem Ertrinken zu retten. So erklärt sich, dass viele Boote und Schiffe der Antike mit Rudern aus Eschenholz ausgestattet waren.
In anderen Überlieferungen des Altertums wiederum wird die Esche mit den Quellen der Menschheit in Verbindung gebracht. So bei den Indianern Nordamerikas, deren Medizinmänner davon erzählten, dass die Urahnen ihres Stammes aus dem Saft einer verletzten und blutenden Esche entsprungen seien.

DAS HOLZ

Weil sowohl die Kelten als auch die Griechen in den Anfängen ihrer Geschichte ihre Waffen aus Eschenholz fertigten, versinnbildlichte dieser Baum für beide Völker den Krieg. Härte gepaart mit Zähigkeit prädestinierte das Holz für die Waffenerzeugung: Speere, Lanzen und

Bögen wurden aus den Ästen der Esche geschnitten. Die bekannteste Eschen-Waffe der Antike war wohl der vom Zentauren Chiron geschaffene Speer, mit dem Achilles Hektor tötete.
Noch bis ins späte Mittelalter war die Esche auch in unseren Breiten der wichtigste Rohstofflieferant für die Waffenerzeugung: Bögen und Armbrüste, Lanzen und Speere aus ihrem Holz hatten sich über die Jahrhunderte bewährt. Und so setzte man in der Nähe von Burgen und Siedlungen gerne Eschen, um in Kriegszeiten auf ein lebendes Waffenarsenal zurückgreifen zu können. Zudem traf man auf diese Weise gleich zwei Fliegen mit einem Schlag: Denn die gefiederten Eschenblätter konnte man an das Vieh verfüttern. Wusste man doch, dass Ziegen und Schafe, die vom »Gaisbaum« fressen, kaum krank werden.
Das Eschenholz war bis vor kurzem gefragter Rohstoff für die Erzeugung von Sport- und Turngeräten (z. B. Ski und Barren) oder von Werkzeugstielen und Parkettböden. Mittlerweile haben »intelligente« Produkte aus Kunststoff die Eschen abgelöst, da sie elastischer und »billiger« sind – rechnet man die enormen Entsorgungskosten für die hochgiftigen Stoffe nicht mit …

DIE MEDIZIN
Eschenblätter und -samen wirken heilend. Bereits Hippokrates gebrauchte Eschen-Elixiere zum Kurieren von Gicht oder Rheuma und verschrieb »Eschenmedizin« als Abführmittel. Weil die saftige Innenseite ihrer Rinde besonders wundheilend wirkt, erhielt die Esche auch den Beinamen »Wundbaum«. Manche ihrer Extrakte finden auch in der modernen Heilkunde Anwendung.

»Eschen« setzen sich hohe Ziele

Den gleichen Freiheitsdrang und Freiraum, den ihr Lebensbaum für sich in Anspruch nimmt, charakterisiert auch die in den Tagen der Esche Geborenen. Sie sind alles andere als Duckmäuser, die sich brav unterordnen, wenn es ein Vorgesetzter fordert. Denn Autoritäten anerkennen »Eschen« – wenn überhaupt – nur dann, wenn die Autorität

auf Kompetenz und Wissen beruht. So gelten sie auch als Persönlichkeiten, die sich hohe Ziele vorgeben und alles daransetzen, diese zu erreichen. Dabei kann es durchaus vorkommen, dass ihr ehrgeiziges Wesen von anderen als egoistisch empfunden wird. Doch selbst das ist »Eschen« gleichgültig, solange der Zweck die Mittel heiligt. Gleichzeitig zeichnet Eschen-Geborene auch ein hohes Maß an Spontaneität aus. Weiters sind sie Menschen, die nicht auf das Urteil anderer angewiesen sein wollen und darum danach trachten, sich ein eigenes Bild von der Welt zu machen. Ihre extrovertierte Art und meist extravagantes Auftreten macht sie überaus interessant und anziehend.
Trotz ihrer eher unkonventionellen Denkweisen gehören »Eschen« in der Liebe eher zu den traditionellen Partnern: Sie halten nicht viel von erotischen Experimenten und Treue ist für sie mehr als ein Wort.

BERÜHMTE »ESCHEN«
Filmstar Ben Stiller, der jüngste Wimbledon-Sieger aller Zeiten, Deutschlands »Bumm-Bumm« Boris Becker, die Western-Haudegen John Wayne und Clint Eastwood, Pop-Legende David Bowie, Regie-Genie Woody Allen und Fürst Rainier von Monaco zählen zu den typischen Eschen-Männern. Weitere Eschen-Sirs: Tom Berenger, Tony Curtis, Thomas Ortner, »Derrick« Horst Tappert, Konstantin Wecker und Helmut Berger.
Die Operndiva Teresa Stratas, die »Rock-Omas« Tina Turner und Suzie Quatro, Deutschlands Star-Regisseurin Doris Dörrie (»Männer«), Pop-Komet Kylie Minogue, Brooke Shields, Ann Nicole Smith und die amerikanische »Kino-Ulknudel« Bette Midler sind Frauen, die die Esche zum Lebensbaum haben. Und als »historische Esche« gilt die unvergessliche Marilyn Monroe.

DIE HAINBUCHE

Der magische »Hexenbaum«

Hainbuchen-Tage
4. 6.–13. 6.,
2. 12.–11. 12.

Charaktereigenschaften

überaus loyal, übernimmt Verantwortung für Fehler, sorgt sich um Toleranz, starkes Wollen

»Der Hainbuche werden geheime Kräfte nachgesagt, da sie gemeinsam mit der Haselnuss und dem Holunder zu den magischen Bäumen der großen weisen Frau gehören«, fasst Kelten-Experte Bertram Wallrath das Wesen der Hagebuche zusammen. Schließlich zählten sie die »Kräuterweiber« – Frauen, die sich ähnlich wie Schamanen auf Naturheilmethoden verstanden – zu den magischen Gewächsen. Außerdem geht der Ursprung des Wortes Hexe mit großer Wahrscheinlichkeit auf den »Hagsenbaum« zurück, da die meisten Kräutergärten der »Hagsen« von eng nebeneinander gepflanzten Hagebuchen umzäunt waren.

DIE HAINBUCHE

Die Dichte des Heckengewächses setzten bereits die Kelten zur Sicherung ihrer Siedlungen und als lebende Stallung für ihre Schafe und Ziegen ein. Sowohl für Raubtiere als auch Feinde war es überaus schwierig, die dicht verästelten Zäune ohne Verletzungen und vor allem schnell zu durchdringen. Und wer möchte schon bei einem Angriff selbst zum Gefangenen werden?

Zudem konnte man mit den lebenden Palisaden gleich zwei Fliegen auf einen Schlag treffen: Einerseits ersparte man sich das mühsame Aufbauen von Verteidigungsmauern, andererseits dienten die Triebe der Hainbuchen als Futtermittel für das Vieh.

Auch heute wächst sich die Hagebuche wohl zur idealsten Hecke zusammen. Denn nicht nur, dass sie auf kargen Böden antreibt, trägt sie ihre, wenn auch vertrockneten Blätter über den Winter und hält damit den rauen Wind ab. Und im eng verbauten Raum garantiert sie überdies die erwünschte Privatsphäre, weil sie als Sichtschutz vor neugierigen Passanten und Anrainern dient.

DAS HOLZ

Ihr Holz machte die Hainbuche zum wichtigsten Baum des Mittelalters. Sowohl für die Waffenerzeugung als auch in der Landwirtschaft war das »Eisenholz« begehrter Rohstoff: Vom kriegerischen Morgenstern über Obstpressen bis hin zu Mühlrädern wurden unzählige Gebrauchsgegenstände aus dem härtesten aller europäischen Nutzhölzer gezimmert. Selbst Maschinenteile wurden aus der Hainbuche gedrechselt.

DER BAUM

Zudem erwies sie sich als durchsetzungsstark und ausdauernd. Selbst im Schatten von Nadelbäumen überlebt sie über Jahrzehnte. Sie kann warten, bis sich ihre Chance, sprich genügend Raum zur Entfaltung, eröffnet. Besonders markant sind ihre weitverzweigten Wurzeln und knorrigen Stämme, aus denen knöcherne Äste in eigenwilligen Bahnen der Sonne entgegenstreben. Obwohl sie vor allem durch ihre glatten, grauen Rinden an die Buche erinnert, gehört die Hainbuche nicht zur Familie der Buchen, sondern zu den Birkengewächsen. Ersichtlich ist dies beispielsweise an der Form der wesentlich schmäleren und den doppelt gezähnten Blättern der Hagebuche.

Ihre Verbreitung ist eng mit jener der Eiche, unter deren Schatten sie häufig anzutreffen ist, verbunden. Der Mensch hat die beiden Baumarten über lange Zeit im Mittel- und Niederwaldbetrieb begünstigt. Die Hainbuche hat einen mittel- bis südosteuropäischen Verbreitungsschwerpunkt, wo sie in den Tief- und Hügellagen vorkommt. Sie ist ein mittelgroßer Baum, der selten über 150 Jahre alt wird, da sie sich auch über Stockausschläge vielstämmig vermehren. Im Niederwald kann man sie problemlos alle 30 Jahre fällen und sie treibt wieder durch die Wurzelstöcke durch. Dank ihrer Zähigkeit wächst die Hainbuche auf kargem Boden und überlebt eisige Kälteperioden ohne Schäden.

»Hainbuchen« nehmen in Schutz

Laut keltischem Lebensbaumkreis haben im Zeichen der Hainbuche Geborene den Ruf, überaus tolerante Persönlichkeiten zu sein, die nicht nur zu selbst verschuldeten Fehlleistungen stehen, sondern auch für Fehler, die ihnen Anvertraute begangen haben, die Verantwortung übernehmen. So beispielsweise würde eine »Hainbuche« selbst für die Missgeschicke ihnen untergebener Mitarbeiter gerade stehen, sie in Schutz nehmen und verteidigen. Gepflegtes Auftreten, kultiviertes Benehmen und ein Schuss Charme gehören zu ihren Eigenschaften. Folglich lässt sich eine »Hainbuche« nur selten gehen und achtet auf ihre Gesundheit und sportliche Kondition.

Unter ihrer vielleicht ein wenig herb wirkenden Schale verbirgt sich ein weicher Kern – ein sensibler Mensch. Wenn kleinmütige Geister sich an den Missgeschicken anderer nach dem Motto »Die Schadenfreude ist die schönste« ergötzen, stehen im Zeichen der Hainbuche Geborene erhaben über den Dingen. Eine Hainbuche zählt nicht zu den jenen, die den ersten Stein auf einen »Sünder« werfen.
Trifft Amor mit seinem Pfeil eine »Hainbuche«, so erweist sich diese als gefühlvoller Partner. Allerdings sind Hainbuchen-Geborene wesentlich begehrter, als sie ihr Herz verschenken kann.

BERÜHMTE »HAINBUCHEN«
Die Schauspieler Maximilian Schell, Jürgen Prochnow, John Malkovich, Michael J. Fox und Hollywood-Größe Kirk Douglas erblickten in den Tagen der Hainbuche das Licht der Welt. Neben Österreichs Skilegende Franz Klammer, „Evergreen" Johannes »Joopi« Heesters, Partylöwe Roberto Blanco und dem Literaten Peter Handke zählt Wiens Altbürgermeister Helmut Zilk zu den typischen Hainbuchen-Männern. Auch der 1999 verstorbene Serienliebling Günter Strack (»Ein Fall für zwei«) und Horst Buchholz sind Hainbuchen. »Buhlschaft« Veronica Ferres, Liz Hurley, Russlands »Tennis-Pinup« Anna Kournikova und Wiens Josefstadt-Star Elfriede Ott verkörpern Hainbuchen-Frauen.

DER FEIGENBAUM

Der Baum der Empfindsamkeit

Feigenbaum-Tage
14. 6.–23. 6.,
12. 12.–21. 12.

Charaktereigenschaften

liebt das Leben, familiär, humorvoll, überaus feinfühlig, starke, sehr eigenwillige Persönlichkeit

DER FEIGENBAUM

Bereits im Quartär war der Feigenbaum in Mitteleuropa heimisch. Funde von versteinerten Früchten in der Nähe von Paris und der Toskana belegen dies. Im Altertum hatte die schmackhafte Frucht eine wesentlich bedeutendere Rolle als heute. Ihr ursprüngliches Heimatland dürfte der Vordere Orient gewesen sein. So gibt es Quellen, die besagen, dass der Feigenbaum den Ägyptern als Wohnort der Göttin Isis heilig gewesen sei. Aus seinem dauerhaften Holz jedenfalls sind Särge für Mumien gezimmert worden.
Von Ägypten aus fand die Feige über Kreta den Weg nach Griechenland und eroberte dank ihres Zuckergehaltes von knapp 50 Prozent sehr rasch den Geschmack der Griechen.

DIE MYTHEN

Verständlicherweise schaffte sie auch den Eingang in die griechischen Heldensagen und Mythen. Einerseits sagte man dem Feigenbaum nach, Unheil zu bringen, andererseits war er der Baum, der als »Orakelbaum« helfen sollte, in die Zukunft zu schauen und Schicksalsschläge abzuwenden.
Die Höllenqualen des Tantalus, der stets nach den zu hoch hängenden Feigen greifen will und sie nicht erreichen kann, sind in diesem Zusammenhang zu sehen.

Mit den Griechen kam auch die Feige nach Italien. Die Römer sahen in ihr den Baum der Götter. Denn der Sage nach soll die Wölfin die Zwillinge Romulus und Remus unter einem Feigenbaum gesäugt haben. Bei den Römern galten die Feigen nahezu wie Brot als Grundnahrungsmittel und stellten neben getrockneten Früchten die Basis der Winterkost dar. Sie wurden in gerösteten Sesamsamen, Anis, Fenchel und Kümmel zu Knödeln geknetet und in Tonkrügen aufbewahrt.
Auch im Alten Testament wird der Feigenbaum erwähnt. Nach dem Sündenfall erkannten Adam und Eva, dass sie nackt waren. »Sie flochten Feigenblätter zusammen und machten sich Schurze«, berichtet die Genesis über den Versuch der beiden, ihre Scham zu bedecken. Noch heute stellen die dreilappigen Blätter das Symbol der Schamhaftigkeit dar.

Und noch in einer anderen Weltreligion, nämlich dem Buddhismus, hat der Feigenbaum eine besondere Bedeutung. Denn unter seinen Blättern soll dem großen Siddharta Gautama im 6. Jahrhundert v. Chr. die große Erleuchtung zur Religionsgründung gekommen sein. Daher kommt auch der Name Bodhi(Buddha)-Baum.

DIE FRÜCHTE

Obwohl der ursprünglich im Vorderen Orient beheimatete Baum mit seinen köstlichen Früchten ausschließlich in den mediterranen Ländern gedieh, versuchten die Kelten ihn auch in nördlicheren Gefilden heimisch zu machen und setzten seine Samen. Tatsächlich gelang es der Feige, sich in den kälteren Regionen an geschützten Stellen auszubreiten, doch meist nur als sehr niederes, strauchähnliches Gewächs und ohne die so bekömmlichen Früchte. Denn die Feigen aus unseren Regionen sind ungenießbar.

Heute wird der Feigenbaum, der höchstens zehn Meter hoch und rund 100 Jahre alt wird, im Mittelmeerraum in riesigen Plantagen angelegt. Seine Früchte verarbeitet man zu Marmelade und Pasten sowie zu Kaffeeersatz. Wobei es einer sorgsamen Pflege bedarf, da die wertvollen Früchte erst im achten Jahr sprießen. Dann allerdings kann man mit 100 Kilogramm Feigen pro Baum rechnen. Weltweit werden im Jahr an die 1,5 Millionen Tonnen geerntet.

»Feigenbäume« sind empfindlich

Im keltischen Baumhoroskop werden in der Zeit des Feigenbaumes Geborene als starke Persönlichkeiten beschrieben, die aufgrund ihrer Individualität kaum Widerspruch dulden und Kritik, solange sie nicht konstruktiv ist, nicht aufkommen lassen. Halbherzige Kompromisse oder faule Ausreden sind ihnen fremd. Weil sie sich in ihren kreativen Phasen nicht beeinflussen lässt, gilt die »Feige« allerdings auch als schwierig. Ebenso wie die süße Frucht von einer bitteren Schale umgeben ist, sind Feigen-Menschen empfindsame Menschen mit einer manchmal rauen Schale. Sie sind ideale Künstlerfiguren. Ihr Feingefühl und ihre Liebe am Leben macht sie zu gern gesehenen Gästen. Außerdem sucht der Feigen-Geborene den Kontakt zu aufrichtigen Freunden und genießt deren Anerkennung. Darin birgt sich allerdings die Gefahr, eitel zu werden.

BERÜHMTE »FEIGENBÄUME«

»Es gibt viele Anlässe, Bäume zu pflanzen, freudige und traurige. Das Wunderbare daran ist, dass ein Baum ein Stück lebende Erinnerung verkörpert«, erzählte Weltstar und Feigen-Mann Klaus Maria Brandauer dem Autor unter den Ästen seines Lebensbaumes, dass er bereits zwei Bäume als lebende Symbole gepflanzt habe.

So setzte er als Professor des Max-Reinhardt-Seminars eine Weide und schenkte seinem Sohn zu dessen Hochzeitsfest einen Zwetschkenbaum. Spontan rezitierte der Schauspieler ein Baumgedicht von Bert Brecht. Mit der feinsinnigen durchdringenden Ausdruckskraft, die im Zeichen des Feigenbaues Geborene auszeichnet. »Es freut mich, dass mein Lebensbaum als Inbegriff der Empfindsamkeit gilt«, sagt er, schwächt dann aber bescheiden ab: »Doch wäre ich an einem anderen Tag geboren, würde ich wohl auch einen andern Baum als Zwilling der Natur akzeptieren.« Die Esoterik und das Baumhoroskop hält der Filmstar für Themen, über die man viel nachdenken, reden und plaudern kann – doch sollte man diese Ideen nicht überbewerten. »Wichtiger ist, dass unsere Sorge für eine gesunde Umwelt in das tägliche Bewusstsein eingeht und nicht von kurzlebigen Aktionen abhängt«, betont der Burgschauspieler und freut sich über das »Lebensbaumkreis«-Projekt auf der Wiener Himmelwiese, »das uns wohl alle überleben wird ...«

Neben Brandauer verkörpern Regie-Legende Billy Wilder, Ex-Beatle Sir Paul McCartney, Frauenliebling Brad Pitt, Frank Sinatra, »Miami Vice«-Star Don Johnson, der Maler Friedensreich Hundertwasser oder der Liedermacher Reinhard Mey die typischen Feigen-Männer. Weitere Feigen-Herren: James Belushi, Boy George, Mike Krüger, Armin Müller-Stahl und Ben Becker.

Ingrid Bergmans Tochter Isabella Rossellini, Sophie Marceau, Gudrun Landgrebe, die US-Stars Kathleen Turner, Meg Ryan, Jodie Foster, Goldie Hawn und Meryl Streep gelten als Feigen-Frauen.

DIE BIRKE

Der Baum des Frühlings

Birken-Tag
24. 6.

Charaktereigenschaften

sympathisch und anziehend, gerne als unterhaltsamer Gesellschafter gesehen, überaus intelligent

DIE MYTHEN

Die Birke ist der Lichtbaum des wieder erwachenden Lebens. Nicht nur, dass sie selbst viel Sonne braucht, verkörpert der trotz seiner Größe grazil wirkende Baum die Leichtigkeit des Erblühens. Er symbolisiert die Freude über die Natur und das unbändige Verlangen nach Freiheit und Erotik. Da die Birkenwälder bis an die arktische Baumgrenze reichten, also auch in den Ländern der Polarnächte beheimatet waren, weihten die Kelten diesen widerstandsfähigsten ihrer Bäume der »weißen Göttin«. Zusätzlich räumten sie der »sinnlichen« Birke einen Ehrenplatz im Lebenskreis ein: Ebenso wie unser Weihnachtsfest drei Tage nach der Wintersonnenwende gefeiert wird, legten die Kelten das Fest des Lichtes und der Liebe drei Tage nach der Sommersonnenwende, also am 24. Juni, fest.

Auch bei den germanischen Völkern war der »helle« Baum (althd. birha) dem Fruchtbarkeitsfest zu Ehren der Urmutter Erde geweiht. Allerdings bereits im Mai, das heißt, die ursprünglichen Formen der heutigen Maibäume waren damals Birken. In den nordeuropäischen und slawischen Völkern hat sich die Birken-Tradition erhalten, in unseren Regionen haben sich Tanne und Fichte durchgesetzt.

DAS BRAUCHTUM

Schmückte man anfangs Häuser und Ställe nur mit den Zweigen der Birke, so entwickelte sich im Laufe der Jahrhunderte der Brauch, der holden »Frühjahrsgöttin« ganze Bäume aufzustellen. Und in der Nacht vor dem großen Fest legten die Burschen ihren Angebeteten Birkenreisig als Zeichen der Liebe vors Haus. In einigen Gegenden aber nur dann, wenn ein ernster Heiratsantrag damit verbunden war. Noch heute wird in ländlichen Gebieten dem Brautpaar ein Birkenbaum vor das Haus gestellt, um den Kindersegen mit der vitalen Kraft des Frühlings zu beschleunigen.

Sehr zum Missfallen der eher körperfeindlichen Kirche entwickelten sich viele Maifeiern zu ausgelassenen Festen, deren Wildheit die ungestüme Fleischeslust der Jugend widerspiegelte. Doch der Versuch, diese Feiern in geordnete Bahnen zu lenken, schlug fehl. Das Fronleichnamsfest konnte das weltliche Treiben nicht ersetzen, auch wenn die

Wege der katholischen Umzüge mit Birken gesäumt waren. Als Antwort darauf verbreitete sich der heute bestehende Brauch, »Liebeslauben« mit Birkenreisig zu schmücken ...
Im Volksbrauchtum hat zudem noch eine weitere »Birken-Tradition« überlebt: der Glaube an die magische Kraft der Birkenreiser. Mit aus Zweigen gefertigten Besen heißt es, könne man böse Geister vertreiben. Ursprünglich hatte man die Äste allerdings nur bei rituellen Reinigungen heiliger Stätten verwendet. Noch heute schlagen sich Nordländer in der Sauna zur Kräftigung mit Birkenruten.

DIE MEDIZIN

Diese körperreinigende und heilende Kraft der Birken war bereits den Kelten bekannt. Sie bohrten die hellen Stämme an und konnten derart bis zu sieben Liter Saft pro Tag aus den Bäumen gewinnen. Natürlich brauten sie nicht nur ihr »Schönheits-Elixier« aus den Rinden, das heute noch in der Kosmetik-Industrie als Haarmittel ein Begriff ist, sondern verwendeten den Birkensaft auch bei Nieren- oder Blasenleiden: Tatsächlich enthält die Baumflüssigkeit entwässernde Kräfte, die den Wasserhaushalt des Körpers steuern, ihn von Giften befreien und das Blut entfetten.

DAS HOLZ

In der Geschichte spielte vor allem die Rinde der Birke eine Rolle für das Überleben im frostigen Winter. Dank ihrer Wasserundurchlässigkeit schützten Birkenschindeln die Häuser vor Feuchtigkeit. In Lappland beispielsweise fertigte man aus den luftgepolsterten Rinden gar Mäntel und Gamaschen. Und in Nordamerika verwendeten Indianer die überaus leichten und wasserdichten Birkenrinden, um ihre Kanus zu bespannen. In besonders harten Frostperioden bot das Baummark gemeinsam mit der öl-, zucker- und vitaminhältigen Rinde einen Lebensmittel-Notvorrat. Zudem war auf das stets trockene Birkenholz Verlass als Zunder. Als praktische Anwendung ergab sich auch noch die Möglichkeit, auf dünnen Baumrinden zu schreiben.

»Birken« können Maß und Ziel halten

Gleich ihrem Lebensbaum erfreuen »Birken« mit ihrer sympathischen Art das Auge und werden gerne zu Gesellschaften eingeladen. Nicht zuletzt deshalb, weil sie trotz ihrer Fähigkeiten und Talente, die sich meist in gehobenen beruflichen Positionen niederschlagen, zurückhaltend sind und keine selbstherrlichen Reden schwingen. So wie ihr Baum die Mitte des Jahres ankündigt, wissen Birken-Geborene Maß und Ziel zu halten. Sie sind den Lebensfreuden keineswegs abgetan, doch trachten sie danach, ihre Gesundheit nicht durch Völlerei oder übertriebene Aktivitäten zu gefährden.

»Birken« zählen kaum zu jenen, die sich schenkelklopfend über Zoten oder Peinlichkeiten erheitern können. Ihnen ist eher der subtile Witz des britischen Humors zu eigen. Wenngleich sie selbst sehr besonnen sind, gehören sie nicht zu den Moralaposteln, die mahnend den Zeigefinger erheben, wenn andere die Etikette verletzen. Fühlt sich ein Birken-Geborener irgendwo nicht wohl, verlässt er dezent die Veranstaltung oder die Feier, ohne sein Missfallen zu äußern. Ein zweites Mal wird der Gastgeber diese »Birke« aber kaum begrüßen dürfen.

Was ihr Liebesleben betrifft, so schlägt sich ihre allgemeine Besonnenheit nicht unbedingt auf die Erotik nieder.

BERÜHMTE »BIRKEN«

Der französische Regisseur Claude Chabrol, der argentinische Mehrfach-Formel-1-Weltmeister Juan Manuel Fangio sowie Austro-Barde Wilfried sind am Tag der Birke geboren.

»Robocop«-Schauspielerin Nancy Allen, »Vollweib« Christine Neubauer und der singende Hollywood-Star Jennifer Lopez verkörpern Birken-Damen.

DER OLIVENBAUM

Der Baum der Eintracht

Olivenbaum-Tag
23. 9.

Charaktereigenschaften

sorgt für Harmonie und Gerechtigkeit, heiteres Gemüt,
toleriert in der Liebe Freiheit

Am 23. September ist Tagundnachtgleiche. Ebenso wie sich Tag und Nacht an diesem Tag die Waage halten, gelten die Geburtstagskinder des Olivenbaumes als ausgewogene Persönlichkeiten. Obgleich der Ölbaum als sonnenliebende Pflanze nur im mediterranen Raum vorkommt, haben ihr die Druiden einen Ehrenplatz im keltischen Lebenskreis gegeben. Neben der Eiche, der Buche und der Birke ist er einer jener vier Einzelbäume, die den inneren Ring des Lebensbaumkreises bilden.

DIE MYTHEN

Diesen besonderen Standpunkt hat der Ölbaum aber nicht nur wegen seiner Zähigkeit und Langlebigkeit – manche Exemplare werden bis zu 2000 (!) Jahre alt –, sondern auch wegen der mystischen Kraft des Olivenöls erhalten: Das gelbliche Öl der gepressten Frucht zeugte schon immer von Wohlstand und fand bei sakralen Zeremonien in der Antike Verwendung: MIt ihm wurden zum Beispiel Könige gesalbt, Wettkampfsieger von Olympia mit dem Zweig aus dem heiligen Hain geschmückt und Kriegshelden mit Kränzen aus Olivenästen gekrönt. Im Alten Testament bringt die Taube, die Noah nach der Sintflut aussendet, als Zeichen der Eintracht einen Olivenzweig. »Die Taube kam zurück und trug ein frisches Blatt von einem Ölbaum im Schnabel«, heißt es in der Genesis. Mit Balsam vermengtes Olivenöl wird im Christentum bei Taufe, Firmung, Priesterweihe und Krankenölung verwendet.

DIE MEDIZIN

Auch in der Naturheilkunde hat das fettsäurehältige Öl eine lange Tradition. In den Aufzeichnungen von Hildegard von Bingen aus dem 12. Jahrhundert lassen sich die verschiedensten Verwendungen ablesen. Heute wird es mit Zitronensaft vermischt auch als Sonnenöl angeboten, da es natürlichen Schutz vor den schädlichen UV-Strahlen bietet.
Gesundheitsbewusste greifen beim Kochen immer öfter auf das kalt gepresste Öl zurück, da es hilft den Cholesterinspiegel nieder zu halten, und somit das Herzinfarktrisiko erheblich senkt. Nicht umsonst zeigen Untersuchungen, dass in Regionen, wo mit Olivenöl gekocht wird, also im mediterranen Raum, weniger Blutfetterkrankungen auftreten.

Vielleicht auch deshalb, weil sich beim Braten und Backen mit dem feinen Öl keine giftigen Substanzen bilden. Als Vorspeise sind sowohl die unreifen, also grünen, als auch die gereiften, dunkelblauen Oliven beliebt. Nimmt man einen Kern und setzt ihn in sandigen Boden, so beginnt dieser nach etwa zwei Monaten zu keimen.

DAS HOLZ
Das fein gezeichnete Holz des maximal 20 Meter hohen Ölbaumes ist fest und wird für Drechselarbeiten herangezogen. Seiner Härte entsprechend wurden über Jahrhunderte Gebrauchsgegenstände wie Geschirr, aber auch Waffen und Skulpturen aus diesem Holz geschnitzt. Seine schmalen Ellipsenblätter schützen den Baum vor sengender Hitze und dem Vertrocknen.

DER BAUM
Das Verbreitungsgebiet des Olivenbaumes hängt ausschließlich von der Sonneneinstrahlung ab. Deshalb tritt der Ölbaum sowohl an der afrikanischen Nordküste, im mediterranen Raum als auch in Südamerika auf. Die spanischen und portugiesischen Eroberer brachten ihn in die »Neue Welt« mit.
So gelassen der Ölbaum äußere Verletzungen hinnehmen kann, so empfindlich ist er gegen Frostschäden: Da er in unseren Breiten aber keinesfalls ohne Schutz existieren könnte, wird er im Lebensbaumkreis auf der Wiener Himmelwiese besonders behütet.

»Olivenbäume« sehnen sich nach Geborgenheit

Im Zeichen des Olivenbaums Geborene zeichnet eine Sehnsucht nach Geborgenheit und Ausgeglichenheit aus. Ebenso wie an ihrem Geburtstag der Himmel Tag und Nacht ausgewogen eingerichtet hat, ist ihr oberstes Ziel ein harmonisches Leben. Olivenbaum-Menschen wird nachgesagt, dass sie vertrauenswürdige, weil verschwiegene Personen sind. Streit und Zwist gehen sie aus dem Weg und stehen der Gewalt ablehnend gegenüber.

In der Liebe tolerieren sie gewisse Freiheiten und zeigen bestimmt nicht, wenn sie eifersüchtig sind. Ihr heiteres Wesen und ihr sonniges Gemüt prädestiniert sie zu Gemeinschaftsarbeitern. Dahinter verbirgt sich die Gefahr, dass sie ausgenützt werden und an ihrer Gutmütigkeit zerbrechen.

Eine Bedrohung, die »Olivenbäumen« ebenfalls sehr zu schaffen machen kann, ist ihr Hang, modischen Strömungen zu verfallen. Geraten sie einmal in den Strudel des Zeitgeistes, beginnen sie sich nach »in«- und »out«-Listen zu orientieren, werden sie von derartigen Trends abhängig. Ihre einzige Möglichkeit, diesen gesellschaftlichen Zwängen zu entkommen, liegt dann in der Flucht in die Abgeschlossenheit, um gleichsam im Eiffelturm der Werte nachzudenken und neue Ziele abzustecken. Deshalb brauchen Oliven-Menschen auch von Zeit zu Zeit Kurzurlaub von Partnern und Freunden.

BERÜHME »OLIVENBÄUME«

»Schwarzwaldklinik«-Krankenschwester Gaby Dohm, Suzanne von Borsody, Maria Perschy oder die unvergessliche Romy Schneider sind am Oliventag geboren. Spaniens Goldstimme, Herzensbrecher Julio Iglesias sowie US-Superstar »Boss« Bruce Springsteen stellen männliche Ölbäume dar.

DIE EIBE

Der Baum des Krieges

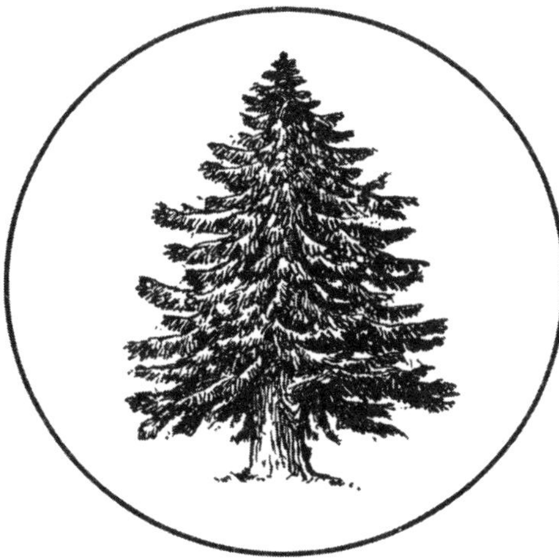

Eiben-Tage
3. 11.–11. 11.

Charaktereigenschaften

Individualist, immer auf der Suche, zwiespältig, abenteuerlustig, selbstsicher, aber sensibel

DIE MYTHEN

Bei den Kelten nahm die Eibe neben der Eiche einen Ehrenplatz ein. Als geheimnisvoller Baum des Todes und der Auferstehung verkörperte sie die Unsterblichkeit. Zudem war der Glaube verbreitet, dass der Mensch vom Tod abstamme. Eine mögliche Erklärung für diese Assoziation mit dem Tod ist das astronomische Alter, das die knorrigen mehrstämmigen Nadelbäume erreichen können. Eiben werden mehr als 1000 Jahre alt und verbreiten das Gefühl der Unsterblichkeit. Zudem zelebrierten die Druiden in den heiligen Eibenhainen sakrale Handlungen. Selbst blutige Ritualopfer sollen im Schatten der düsteren »Baum-Methusaleme« dargebracht worden sein. Aber nicht nur den Kelten, auch den Germanen war der Glaube an die schützende Energie der Eiben vor Dämonen und Hexen gemein. Auch sie behängten sich mit Schmuckstücken aus Eibenholz, damit die Amulette sie vor dem Bösen bewahren.

DAS GIFT

Tatsächlich dürfte die Eibe aber wegen ihrer »todbringenden Kraft« mit dem Sterben in Zusammenhang gebracht worden sein: Denn sowohl in ihren Nadeln und Früchten als auch in ihrem Holz und ihrer Rinde ist Gift enthalten: Taxin! Dieser Giftstoff führt binnen Minuten zu Lähmung und Atemstillstand. Und die Kelten wussten sehr wohl um die Wirkung des »Eibengiftes«. Ebenso wie einige Germanenstämme tränkten sie ihre Speere und Pfeile in Eibensud und verwandelten sie so zu schrecklichen Waffen, die ihren Feinden einen grausamen Tod brachten: Sie starben qualvoll an Atemlähmung. Auch bei einigen Indio-Stämmen Südamerikas haben Ethnologen ein Pfeilgift mit ähnlicher Wirkung gefunden.

In unserern Breiten hat es die Natur kurioserweise so eingerichtet, dass manche Tiere immun gegen die »Todesfrüchte« sind: Rotwild und Singvögel vertragen die verräterisch rot lockenden Beeren und sorgen für die Verbreitung der Samen.

DIE ANTIKE

Zur Zeit Julius Cäsars bedeckten gigantische Eibenwälder Mitteleuropa. Weshalb auch die Römer die todbringende Kraft der Eiben kannten

– und fürchteten. Zudem stellten die von den unheimlichen Nadelhölzern verwachsenen Gebiete für ihre Kohorten und Legionen schwer durchdringbare Regionen dar, in die sie nur ungern vordrangen. Sie mussten fürchten, im Dickicht der Wälder in einen Hinterhalt zu geraten. So besagt auch die römische Mythologie, dass der Weg in die Unterwelt durch Eiben-Alleen führt. Der Schriftsteller Plinius warnte gar davor, unter einer »taxus baccata« zu nächtigen oder aus Eibengeschirr zu trinken, da dies zum Tod führen könnte. Im Zuge des Niederganges der Kelten jedenfalls ließen die Römer nicht nur ihre Druiden verfolgen, sondern vernichteten auch die magischen Haine der Kelten.

DAS MITTELALTER

Während Plinius' Vermutung vom »Todesschlaf« unter der Eibe lediglich die Angst der Römer vor den unbekannten Völkern widerspiegelte, tötete das Gift der Eibe im Mittelalter in der Tat abertausende Ungeborene und Frauen. Denn obwohl man bereits im Frühmittelalter Empfängnisverhütungsmittel und -methoden kannte, konnte man diese nicht von unwirksamen Mitteln oder Tipps – »mit einem Kieselstein unter dem Kopf ist eine Frau bei Vollmond unter einer Buche unfruchtbar« – unterscheiden. Ungewollte Schwangerschaften waren an der Tagesordnung. Engelmacherinnen trieben ihr Unwesen und brauten Abtreibungssäfte aus Eibensud. Doch die Dosierungen waren schwer zu bemessen: Tausende Mädchen starben in den Händen der Kurpfuscherinnen ...

Aus Angst vor dieser unheilbringenden Wirkung und um das Vieh vor den »Todesbeeren« zu schützen, wurden im Laufe der Jahrhunderte ganze Waldstriche Mitteleuropas von Eiben »gesäubert«: Wobei man das geschlägerte Hartholz sehr wohl zu Armbrüsten und Bögen, Dreschflegeln und Wagenrädern, Truhen und Särgen verarbeitete.

DAS ROKOKO

Erst im 18. Jahrhundert verlor der anmutige Nadelbaum seinen »Schrecken«, als ihn die Gartenkünstler des Rokoko für ihre lebenden Skulpturen in den französischen Parkanlagen entdeckten: Von einfachen Kugel- oder Pyramidenformen bis hin zu grandiosen Tier- oder Fabelwesen schnitten die Gärtner die Zweige der Eiben zurecht. Versailles und Schönbrunn sind nur zwei der unzähligen Prunkgärten, die diese Tradition fortführten.

»Eiben« sind undurchschaubar

Im selben Maße, wie ihren Lebensbaum eine »Aura« des Geheimnisvollen umgibt, gelten Eiben-Geborene als undurchschaubar. Ihr Charakter spiegelt den Dualismus des Baumes wider. Ebenso wie dieser zwischen Tod und Leben steht, kämpfen »Eiben« um die Festigung ihres Wesens. In der Folge entwickeln sie sich zu ausgesprochenen Individualisten. Sie gelten als abenteuer- und unternehmungslustige Menschen, die sich auf dem Weg zu ihrer Identitätsfindung von niemanden dreinreden lassen, sondern auf ihr Gefühl und ihre angeborene Intuition vertrauen.
So zaudernd sie manchmal scheinen, so sensibel sind sie für gesellschaftliche Strömungen. »Eschen« haben gleichsam Antennen für ihre Mitmenschen und finden schnell den richtigen Draht zu ihrem Gegenüber. Außerdem sind sie überaus flexibel und auch berufliche Veränderungen können ihnen kaum etwas anhaben. Ihr Frohsinn und Humor gibt ihnen dabei die nötige Selbstsicherheit.

BERÜHMTE »EIBEN«
Der »eiskalte Engel« Alain Delon, Faltengesicht Charles Bronson, »Last Warrior« Dolph Lundgren, der »Bulle von Tölz« Ottfried Fischer und »Titanic«-Star Leonardo Di Caprio zählen zu den typischen Eiben-Männern.
Katharine Hepburn, Demi Moore, Sally Field, Sonja Kirchberger, Hollywoods einstiger Kinderstar Tatum O'Neil und Österreichs Talkshow-Königin Vera Russwurm und die Gesellschaftsreporterin Karin Schnegdar sind in den Tagen der Eibe geboren.

DIE BUCHE

Die Königin des Waldes

Buchen-Tag
22. 12.

Charaktereigenschaften

praktisch und lebensnah, wägt genau Für und Wider ab, stark und widerstandsfähig, nimmt führende Positionen ein

DIE BUCHE

Die Buche ist die Königin des Waldes. So wie die Eiche das Väterliche verkörpert, symbolisiert ihre Baumkrone den mütterlichen Schutz. Zwar ist ihre Stellung nicht ganz so erhaben wie die der Eiche, doch haben ihr die Kelten mit dem 22. Dezember, dem Tag der Wintersonnenwende, einen der vier Ehrenplätze zugeteilt. Immerhin wurden unter ihren mächtigen Ästen auch Opferrituale abgehalten. Die eigentliche Bedeutung der Rotbuche lag in ihrer Verwendung für die »Runen«, die Schriftzeichen der Kelten. Sie wurden von den Druiden in Buchenäste oder -zweige geritzt. Wobei die Buchenstäbe nicht nur Schriftzeichen waren, sondern gleichzeitig einen mystischen Zweck erfüllten: Man warf das lose Stabbündel auf den Boden und las aus der Lage der einzelnen Buchenstäbe zueinander die Zukunft. Aus dieser wahrsagerischen Verwendung der Buchenstäbe stammen unsere heutigen Wörter für »Buchstabe« und »lesen«.
Ein wenn vielleicht auch weit hergeholtes Relikt des »Druiden-Orakels« ist das Einritzen von Namen, Datum und Herzchen in einen Buchenstamm, wenn zwei Verliebte das Glück festhalten wollen. Denn ist die »Gravur« einmal verwachsen, so ist die Baumnarbe ein lebendiger Zeuge des glücklichen Beginns einer innigen Beziehung.

DIE MYTHEN

In der christlichen Tradition findet sich die Buche im Osterbrauchtum wieder. Das Aschenkreuz, das der Priester den Gläubigen am Aschermittwoch als Zeichen der Vergänglichkeit auf die Stirne zeichnet, stammt von verbrannten Buchen. Und das Osterfeuer, das die Auferstehung Christi symbolisiert, wurde früher meist mit einem Buchenschwamm entzündet, um der Welt den Sieg der Auferstehung über den Tod zu verkünden.

DAS HOLZ

Tatsächlich bietet kein anderes Holz einen ähnlichen Heizwert wie das der Buche. Dieser außergewöhnlichen Eigenschaft musste sie zu Beginn des industriellen Zeitalters im 19. Jahrhundert hohen Tribut zollen: Um die Schmelzöfen der Glas- und Eisenhütten befeuern zu

können, wurden ganze Buchenwälder kahl geschlagen. Gegen die Eisensägen der Holzfäller konnten die Baumriesen trotz ihrer kräftigen Herzwurzeln nicht standhalten.
Aber auch die Härte des Holzes machte es zu einem begehrten Rohstoff etwa für Wagenräder, Treppen und Fußböden. Im Möbelbau griff man gerne auf die Buche zurück, da sich ihr rötlich schimmerndes Holz unter heißem Dampf formen und zu Sesseln biegen ließ. Der Verschnitt und die Abfälle wurden in der Papierindustrie verwertet.

DIE FRÜCHTE

Aus den Früchten, den Bucheckern, presste man Öl, da sie dank ihres hohen Fettgehaltes von rund 35 Prozent ein bekömmliches Speiseöl lieferten. Außerdem verfütterte man die braunen Nüsse als Kraftfutter an das Vieh.

DIE MEDIZIN

Dem Tee aus der Buchenrinde sagte die Volksmedizin fiebersenkende Wirkung nach und ein Gebräu aus den Blättern wurde gegen Entzündungen angewendet. Weil man glaubte, dass das Buchenlaub eine nervenberuhigende Ausstrahlung besitzt, füllte man Decken und Polster mit den getrockneten Blättern. Und in Notzeiten wurden aus den frischen, grünen Blättern Salate zubereitet.

DIE BEDROHUNG

Wenngleich heute noch Dutzende Orts-, Fluss- oder Flurnamen im deutschsprachigen Raum wie Buchberg, Buchbach, Buchenwald, Puchenau oder Puchenkirchen an die einstige weite Verbreitung erinnern, so zählen die an die 50 Meter hoch und an die 500 Jahre alt werdenden Baumriesen zu den gefährdetsten Arten unseres Waldes. Nicht nur durch die verstärkte Aufforstung der Fichte, sondern vor allem durch die Ozonbelastung ist die Buche bedroht. Denn eine »Baumkronen-Erhebung« des österreichischen Ministeriums für Forstwirtschaft zeichnet die Buche als eine der am stärksten geschädigten Arten aus: »Die Buchenkronen haben sich in einem Jahr um mehr als ein Zehntel gelichtet.« Das Umweltministerium reagierte und gab einen Analyseauftrag zur Erforschung der Ursachen für das Waldsterben in Auftrag. Seither werden etwa 6000 der drei Milliarden Bäume Österreichs wissenschaftlich beobachtet …

»Buchen« wissen, wofür sie leben

Wenn es um die Buche derzeit zwar nicht gut bestellt ist, so brauchen sich in ihrem Zeichen Geborene keine Sorgen zu machen. Nicht, dass sie Probleme nicht sehen oder verdrängen wollen, aber am Tag der Buche Geborene zählen zu den Menschen, die ebenso wie ihr Lebensbaum widerstandsfähig sind. »Buchen« verstehen es, ihr Leben so einzurichten, dass sie nicht Gefahr laufen, von unerwarteten Ereignissen überrollt zu werden. Dafür sind sie viel zu vorsorglich. Praktisch, wie sie nun einmal veranlagt sind, wägen sie genau ab, was für sie einmal ein Risiko sein könnte, und geraten so auch kaum in finanzielle Schwierigkeiten. Ebenso wie ihr Lebensbaum sind »Buchen« Persönlichkeiten, die mit Geduld ihre Chancen abwarten und das Glück nicht zwingen wollen. Der Ausdauer ihres Lebensbaumes ähnlich, der sich Jahre durch den Schatten kämpfen muss, bis er seine Krone der Sonne entgegenstrecken kann, arbeiten sie konsequent an ihrem Ziel. Wobei ihnen jede Art des »Intrigierens« fern liegt.
Auch wenn sie den Lockungen des Geldes nicht abgeneigt sind, bleiben Buchen-Menschen im Grunde ihres Herzens sparsam und drehen jeden Euro zweimal um. Mit dem Angesparten versuchen sie sich irdischen Freuden zu erfüllen und ein trautes Heim zu schaffen. Ihre »pragmatische« Sicht des Leben macht sie auch in der Liebe zu »Realisten«, die nicht gerade mit Spontaneität gesegnet sind. Dafür zählen sie zu den verlässlichsten Partnern. In der »Midlife-Crisis« kann es allerdings schon vorkommen, dass sie aus ihrer sicheren Welt ausbrechen, um ein kleines Abenteuer zu erleben.

BERÜHMTE »BUCHEN«
Der weltberühmte Schauspieler Gustaf Gründgens und der Franzose Pierre Brasseur waren ebenso typische Buchen-Männer wie der italie-

nische Komponist Giacomo Puccini. Auch US-Star Johnny Depp ist im Zeichen der Buche geboren. Die deutsche Pionierin des Fallschirmsprunges Käthe Paulus, die Hollywood-Schöne Jamie Lee Curtis und die Französin Vanessa Paradis verkörpern die Buchen-Frau.

DIE KELTEN

Auf den Spuren eines geheimnisvollen Volkes

DIE URSPRÜNGE
Im 3. Jahrtausend v. Chr. wanderten die keltischen Stämme aus den Weiten der russischen Steppe nach Europa ein. Um 500 v. Chr. besiedelten sie weite Teile Mittel- und Westeuropas. Von den Griechen »Keltoi«, den Römern »Gallier« und in biblischen Schriften »Galater« genannt, eroberten sie in der Folge große Landstriche in Osteuropa, Kleinasien und Britannien. Wie diese Verbreitung schon zeigt, handelt es sich bei den Kelten nicht um eine geschlossene Volksgruppe, sondern um Dutzende Stämme, die aber eines vereint: ihre Sprache und eine mystische Verbundenheit mit der Natur.

DIE KRIEGER
In der Jüngeren Eisenzeit (ab 450 v. Chr.) fand in Mitteleuropa eine starke Keltisierung der einheimischen Bevölkerung durch Einwanderer aus dem Oberrhein- und Oberdonaugebiet statt. Dies ergab sich aus ihrer kriegerischen und kulturellen Überlegenheit: Die Kelten kannten z. B. die Töpferscheibe, mit der sie Keramiken in den charakteristischen Verzierungen des La-Tène-Stils formten. (Der Name kommt vom Schweizer Ort La Tène, wo Archäologen an einer Untiefe am Rande des Neuenburger Sees ein gewaltiges Waffenlager sowie Gebrauchskeramik und landwirtschaftliche Geräte der Kelten als eine der bedeutendsten Quellen der Forschung gefunden haben.) Dank ihres enormen handwerklichen Geschickes fertigten sie praktische Metallgegenstände aus Eisen: von Gebrauchsgegenständen des Alltags wie Axt, Schere oder Hufeisen über den fahrbaren Pflug, Sensen und Heugabeln bis hin zu ihren gefürchteten Waffen.

Vor allem das anfänglich als kurzes Stichschwert verwendete und schließlich zum Hiebschwert vergrößerte Eisenschwert machte die Kelten bei ihren Kriegszügen lange Jahre fast unbesiegbar. Dazu kam eine Lanze mit eiserner Spitze, die sie als Stoßwaffe einsetzten. Deren schellenartige Metallstücke machten einen »Höllenlärm«, wenn die Krieger mit der Lanze auf ihre Schilde hämmerten. Diese Schilde wiederum waren groß, rechteckig und gaben den Soldaten mit ihrem Holzbuckel und den Eisenbeschlägen guten Schutz.
Zudem fertigen sie Zaumzeuge für ihre Pferde und können somit auch einen zweirädrigen Streitwagen einsetzen. Wobei die leichten Gespanne noch nicht wie die späteren »Stichelwagen« als panzerähnliche Waffe eingesetzt wurden, sondern nur dazu dienten, die Kämpfer schneller von einem Kriegsschauplatz zum nächsten zu bringen. Als Zier und Zeichen der Würde trägt der keltische Krieger einen Halsring (torques). Anfangs aus Bronze, dann aus Gold und später auch aus Eisen.

DAS ZWIESPÄLTIGE BILD DER KELTEN

Wenn die Kelten keine Kriege führten, dann siedelten sie als Bauern in abgeschlossenen Dörfern, die sie erst im 2. Jahrhundert v. Chr. mit Wehranlagen zu sichern begannen. In einigen Großsiedlungen (von den Römern »oppidum« genannt) war die Arbeitsteilung bereits so fortgeschritten, dass sie nach einzelnen Berufen gegliedert lebten. Damals begannen sie auch erste Münzen zu prägen und mit ihren charakteristischen Motiven zu verzieren.
Von den antiken Geschichtsschreibern wurden sie als groß gewachsene, weißhäutige Menschen mit blauen Augen und rotem Haar beschrieben. Die Männer sollen lange Schnurrbärte getragen haben.
Als todesverachtende Krieger rissen sich manche von ihnen im Blutrausch die Kleider vom Leib und schnitten ihren Gegnern die Köpfe als »Sitz der geistigen Kräfte« ab, um sie dann als Trophäen an den Gürtel zu hängen oder an die Wand zu nageln …
Wenn man zudem weiß, dass es einen ausgeprägten Schädelkult gegeben hat – Massenenthauptungen, Menschenopfer und vermutlich auch Kannibalismus als Zeichen der kriegerischen Überlegenheit –, dann ergibt sich doch ein sehr ambivalentes Bild der Kelten.

KELTISCHE BÄUME

Abgesehen aber von diesen heute nicht mehr nachvollziehbaren Eigenschaften zeichneten sich die Kelten durch eine starke Naturverbundenheit aus. Eine Verbundenheit mit der Schöpfung, die sich allein schon durch die ausgeprägte Neigung zeigt, Personen nach Bäumen zu benennen: z. B. »Derva« (Eiche), »Eburo« (Eibe), »Betuus« (Birke) oder »Abalus« (Apfelbaum).

»Heilige Bäume sind bei allen Keltenstämmen vermutlich nicht selten gewesen«, weiß der Historiker Helmut Birkhan in seinem Kelten-Buch zu berichten, dem derzeit wohl umfassendsten Werk über die Geschichte dieser Volksstämme. Vor allem in Irland sind »heilige Bäume« an Inaugurationsorten sehr wichtig gewesen. In manchen Gegenden gruben die Kelten bis zu 70 Meter tiefe Opferschächte in die Erde, um darin ganze Bäume, Tiere und Schmuckstücke zu versenken. Möglicherweise waren mit dem magischen Kult sogar Menschenopfer verbunden.

Zudem wird überliefert, dass die verschiedenen Keltenstämme immer wieder versucht haben, den »heiligen Baum« ihrer Feinde zu fällen, um ihnen so die Kraft zu nehmen.

Sosehr die Kelten ihre heiligen Bäume auch verehrten, manchmal mussten sie recht unsanft mit ihnen umgehen: Für ihre Eisenhütten schlägerten sie ganze Waldstriche. »Kaum ein anderes Volk des alten Europa hat an seinem Wald solchen Raubbau getrieben wie die Kelten«, erklärt Universtitätsprofessor Birkhan.

DIE DRUIDEN

Obwohl also die Kelten riesige Mengen an Holz verfeuerten, um das Eisen aus dem Gestein schmelzen zu können – eine andere Energiequelle gab es ja noch nicht –, sorgten ihre »eichenweisen« Oberpriester, die Druiden, für die Heiligung der Bäume. Über die heiligen Haine, die Druiden und die keltischen Glaubensvorstellungen berichtet uns auch der römische Imperator Cäsar in seinen Aufzeichnungen über den ihm so verhassten »Gallierkrieg«: »Ihre Hauptlehre ist, die Seele sei nicht sterblich, sondern gehe von einem Körper in den anderen über, und sie meinen, diese Lehre sporne besonders zur Tapferkeit an, da man die Todesfurcht verliere.« Zudem würden die Druiden ausführlich über

die Gestirne und deren Bewegung, über die Größe von Welt und Erde, über die Natur und die unsterblichen Götter unterrichten.
Was Cäsar aber gar nicht passte, das waren die alljährlichen Druidenversammlungen in heiligen Wäldern, bei denen der Widerstand gegen die verhassten Besetzter geschürt wurde. Weil die Römer um diese »militärpolitische« Bedeutung der sakralen Bäume wussten, ließen sie im Zuge der »Druidenverfolgungen« die heiligen Haine der Kelten dem Erdboden gleichmachen.

DIE KELTEN HEUTE

Sosehr sich die Kelten (außer in den alpinen Gebieten Europas) verbreiten konnten, so wenig ist von ihren militärischen Siegeszügen geblieben. Zu schnell assimilierten sie sich mit den Besiegten und wurden schließlich selbst von den Römern verdrängt.
Eines allerdings ist von jenen Volksstämmen, die ohne staatliche Bande einen im Wesentlichen sehr einheitlichen Kulturraum bildeten, sehr wohl geblieben: ihre Naturweisheiten, ihr Wissen um geheime Kräfte von Pflanzen, Steinen und Bäumen und das tiefe Verständnis für den Wechsel der Jahreszeiten. Auch wenn die Druiden keine schriftlichen Aufzeichnungen hinterlassen haben, sondern jahrtausendealte Erfahrungen nur mündlich weitergegeben haben, so lebt dieses keltische Wissen weiter: in Traditionen, Brauchtum oder Volksglauben. Ein tief verwurzeltes Verständnis um die Geheimnisse des Lebens, das heute vielen nicht mehr zugänglich ist.

ZEITTAFEL

800–500 v. Chr.: In der Hallstatt-Zeit treten die Kelten erstmals auf. Die Periode ist durch eine Vielfalt an Metallgegenständen gekennzeichnet.

um 500 v. Chr.: Die ersten Kelten wandern in England ein. Nach einem Fundort am Neuenburger See (Schweiz) erhält die Epoche den Namen La-Tène-Zeit (ab 450 v. Chr.). Es gibt bereits einen eigenen Kulturbestand mit ausgeprägtem Kunststil.

480 v. Chr.: Der Geschichtsschreiber Herodot wird geboren. In seinen Schriften werden die Kelten erstmals erwähnt.

um 400 v. Chr.: Ausgeprägte keltische Wanderungen. Aus ihren Ursprungsgebiet an Oberrhein und Oberdonau ziehen sie langsam nach Frankreich und Spanien. Die ersten Stämme dringen in die Poebene ein und treffen auf die Etrusker.

390 v. Chr.: Zusammenstöße mit den Römern bei Clusium.

387 v. Chr.: Kelten (lat. Galli) erobern unter ihrem Anführer Brennus Rom, jedoch nicht das Kapitol, das laut Überlieferung dank schnatternder Gänse verteidigt werden kann. Nach Zahlung eines Lösegeldes ziehen die Kelten mit einer große Beute wieder ab.

336–323 v. Chr.: Keltische Söldner kämpfen bei den Kriegszügen Alexanders des Großen mit.

300–200 v. Chr.: Die Römer beginnen die »italienischen« Kelten zu unterwerfen.

1. Jh. v. Chr.: Als Prellbock zwischen Germanen und Römern geht den Kelten ihre kulturelle Eigenständigkeit verloren.

58–51 v. Chr.: Cäsar besiegt die Kelten und besetzt Gallien.

46 v. Chr.: Der letzte große Keltenführer Vercingetorix wird nach dem Fall von Alésia in Rom hingerichtet.

1. Jh. n. Chr.: Die keltisch besiedelten Britischen Inseln werden bis auf Schottland und Irland von den Römern besetzt.

5. und 6. Jh. n. Chr.: Keltische Stämme ziehen von Britannien aus in die Bretagne.

Nachwort

Sie spenden uns Kraft, versorgen uns mit Früchten, überlassen uns die Behaglichkeit ihres Holzes, schenken uns lebensnotwendigen Sauerstoff und filtern unser Wasser. Seit Menschengedenken bestimmen sie unseren Kulturkreis: die Bäume.
Mit ihnen verbindet uns eine tiefe Seelenverwandtschaft, um die die Kelten bereits vor Tausenden Jahren wussten. Ihre Druiden deuteten die schicksalhaften Beziehungen zu den Waldriesen nach jahrhundertealten Beobachtungen und hielten magische Treffen in heiligen Hainen ab. Wie in Stonehenge 40 Steinblöcke einen geheimnisvollen Kreis bilden, benannten die keltischen Oberpriester die Monate nach Bäumen und teilten das Jahr in 40 – den Lebens- und Wachstumszyklen der Bäume entsprechende – Kalenderperioden ein.

Mythen, Märchen, Sagen und Legenden spiegeln die Naturverbundenheit der alten Völker wider. Letzte Reste des geheimen Wissens um den Zauber des Waldes, um die verborgenen Kräfte der Bäume sind uns im Brauchtum und Volksglauben erhalten: So erinnern beispielsweise Maibaum, Christbaum, Richtbaum oder Freibaum an die einstige Bedeutung und Symbolik.

Doch »Bruder Baum« ist gefährdet: Im Zuge der Industrialisierung hat der Mensch vielerorts das Verständnis für die Natur und die Ehrfurcht vor der Schöpfung verloren. Besonders in den letzten zwei Jahrhunderten hat der enorme Holzbedarf für Bergwerke, Salinen und Eisenhütten durch Kahlschläge gigantische Löcher in das Waldgefüge gerissen. Bis heute sind weltweit bereits mehr als die Hälfer der »grünen Lungen« gerodet worden, und sollte der »Baummord« in diesem Tempo weitergehen, gibt es in 50 Jahren keine natürlichen Urwälder mehr.
Das Baumsterben geht aber nicht nur auf brutale Rodung zurück. Vor allem in den »zivilisierten Ländern« wirken viele unheilsame Kräfte zusammen wie etwa Luftverschmutzung (»saurer Regen«), Tourismus-

Überlastung (etwa 4000 Schilifte in unseren Alpen) und grobe Fehler bei der Waldbewirtschaftung (Fichtenmonokulturen). Die Bäume können sich nicht mehr wehren und verlieren wie AIDS-Kranke alle Abwehrkräfte: Blätter und Nadeln welken, Äste sterben ab, Wurzeln vertrocknen – und zurück bleiben Baumruinen als mahnende »Skulpturen« der Unvernunft.
Auch wenn mit 46 Prozent des Landes nahezu die Hälfte Österreichs nach wie vor bewaldet ist und mehr Holz nachwächst, als verarbeitet wird, ist die Situation der »grünen Lunge Europas« alarmierend: Bereits jeder fünfte Baum zeigt Blatt- oder Nadelverluste. Bei einer geschätzten Baumzahl von 3 Milliarden ergibt das eine erschreckende Zahl von 600 Millionen!
Doch die Natur lässt die Verbrechen, die der Mensch an ihrem »Bruder Baum« begeht, nicht ungesühnt. Mit donnernder Faust schlägt sie zurück: Lawinen, Steinschläge, Muren und Hochwasserfluten der vergangenen Jahre bezeugen dies.
Wo der Mensch rücksichtslos eingegriffen hat – wie etwa auf abgeholzten Hängen, wo keine Bäume als »lebende Pumpen« den Wasserlauf regulieren, keine Wurzeln den Boden festigen und viel zu schnell abfließende Regenbäche über asphaltierte Waldwege zu reißenden Strömen anwachsen – , da ist das Unheil offensichtlich.

So wie sich die Zahl der Berichte über derartige Naturkatastrophen in den täglichen Chronik-Seiten gemehrt hat, kümmert sich in Österreich die »Kronen Zeitung« verstärkt darum, deren Ursachen und Hintergründe aufzuzeigen. Denn so wie der Baum – einst Inbegriff der Stärke und Unbezwingbarkeit – heute zum Sinnbild der Verletzlichkeit geworden ist, braucht die Schöpfung nun den Schutz des Menschen. Deshalb deckt die »Krone« die Profitgier der Beton- oder Atomlobby, die Kurzlebigkeit von Monsterprojekten oder die Gefahren von unausgereiften Risiko-Technologien auf: von den »Atomlügen« rund um Zwentendorf, Tschernobyl oder Temelín über die ökologisch und ökonomisch überflüssigen Kraftwerkspläne von Hainburg bis hin zu den geklärten Risiken der Gen- und Klon-Technik.

Nur wenn der Mensch rechtzeitig umdenkt und der Natur hilft, kann sie sich erholen. So wie die Kelten ihren Kalender auf den Lebenskreis der Bäume, das Erblühen und Wachsen im Zyklus der Jahreszeiten abgestimmt haben, müssen wir wieder lernen, dem Wald mit seiner Artenvielfalt eine Chance zu geben. Dann erst wird sich ein neuer Horizont eröffnen: ein Horizont mit einem Walddach aus sanften Kuppen von Laubhölzern und schroffen Spitzen von Nadelbäumen. Erst wenn bizarre Wurzelstöcke wieder aus saftigen Moosteppichen ragen, Bäche wieder in Mäandern plätschern, neues Leben aus totem Moderholz erwächst und das zauberhafte Grün an die magische Feenwelt der Märchen erinnert, wird unser »Bruder Baum« – wie ihn der heilige Franz von Assisi ehrfürchtig nannte – gerettet sein.

So soll dieses Buch ein positiver Anreiz im Sinne Martin Luthers sein: »Und wenn ich wüsste, dass morgen die Welt untergeht, so würde ich heute noch ein Apfelbäumchen pflanzen …«

Christoph Matzl

Literatur

Helmut Birkhan: Kelten. Verlag der Österreichischen Akademie der Wissenschaften, 1997

»Lebensbaumkreis«, Presseunterlagen des »Kuratoriums Wald«, Wien 1996

Elisabeth Millonig: Wege zum Baum. Diplomarbeit am Inst. f. Freiraumgestaltung und Landschaftspflege der Universität für Bodenkultur, Wien 1996

Annemarie Mütsch-Engel: Bäume lügen nicht. Das keltische Horoskop. Verlag Bert Schlender, Göttingen 1985

Richard Pittioni: Der urgeschichtliche Horizont der historischen Zeit. In: Propyläen Weltgeschichte, Ullstein Verlag 1964

Sibylle Selbmann: Der Baum, Schicksal und Symbol des Menschen. Badeni Verlag 1993

Martha Sills-Fuchs: Wiederkehr der Kelten. Dianus-Trikont Buchverlag, 1986

Michael Vescoli: Der keltische Baumkalender. Heinrich Hugendubel Verlag, 1995

Bertram Wallrath: Das Keltische Baum-Horoskop. Magie und Heilkunde der alten Druiden. Smaragd-Verlag 1995